山田昭次

全国戦没者追悼式批判

軍事大国化への布石と遺族の苦悩

影書房

全国戦没者追悼式批判

——軍事大国化への布石と遺族の苦悩

目次

はじめに　アジア・太平洋戦争日本人戦死者とは何か

小著は、サンフランシスコ講和条約が発効した一九五二年四月二八日からまもない同年五月二日に最初に開催され、一九六三年以降は毎年八月一五日に開催されてきた政府主催の全国戦没者追悼式の際、および首相の靖国神社公式参拝の際に、首相たちがアジア・太平洋戦争日本人戦死者をどのように意味づけてきたかを解明することを第一の課題とする。

なぜこのような問題を設定するかといえば、アジア・太平洋戦争日本人戦死者を、国のために生命を捧げた殉国者と意味づけるか、あるいは日本政府によって侵略戦争に動員されて加害を加担させられた果ての無意味な死を遂げさせられた被害者と意味づけるか、ということは、今後の日本が歩む方向を左右する極めて重要な思想的問題であるからである。

日本政府がアジア・太平洋戦争日本人戦死者を殉国者と意味づけて顕彰するならば、殉国は今後も日本人が従うべき規範としての意味を持つ。それと反対に日本人戦死者を侵略戦争に動員された果ての無意味な死者と位置づけるならば、日本人民衆に対する日本政府の戦争責任、およびその戦争責任を問わずに来た日本政府の戦後責任が厳しく問われねばならない。

また小著は、上記のような戦後の日本政府首相たちの動向の解明と共に、併せてこの問題にかかわる日本民衆、特に日本人戦死者遺族の思想的動向の解明を第二の課題とする。

日本人戦死者遺族は三度衝撃を受けた。

最初は愛する肉親が戦死したことが知らされた時である。二度目は敗戦を迎えて、日本の勝利のために生命を捧げた肉親の戦死は無意味な死、言い換えれば俗に言う犬死にではなかったか、という想いに襲われた時である。三度目はアジア・太平洋戦争が日本国家による侵略戦争だったという見解に接した時である。この見解を真実と認めるならば、肉親の戦死は日本政府によるアジア民衆に対する加害の加担者の役割を負わされた果ての無意味な死だったことを意味する。

この見解から受けた遺族の苦悩が深いだけに、遺族たちの間に亀裂が生じた。

多くの遺族は、肉親が侵略戦争に加担させられた果ての無意味な死と考えるのに抵抗して、戦死者を国のために生命を捧げた殉国者として顕彰する靖国神社のみならず、政府主催の全国戦没者追悼式にやり場のない心の痛みや悲しみの癒しを求めた。後述するように、全国戦没者追悼式には、戦後も多くの日本人民衆が相変わらず敬意を抱く天皇も出席し、日本人戦死者を国に生命を捧げた殉国者として顕彰したからである。

他方、少数派の遺族は、肉親が侵略戦争に動員されてアジア民衆に対する加害の役割を負わされた末に無意味な死を強いられた歴史的現実につらくとも眼を背けず、この事態を引き起こした国家責任を問うと同時に、日本軍によって肉親が殺された痛みをいだくアジアの民衆と連帯して反戦・平和の行動を起こすことによって、肉親の死を意味あるものに転化させようとして苦闘してきた。従来の研究はこうした問題を取り上げるに際しては、主として靖国神社をめぐる状況にのみ批判の眼を向け、政府が主催する全国戦没者追悼式にはさして批判を向けなかった。

その原因の一つには、靖国神社をめぐる次のような問題が起こったからである。すなわち、一九四五年一二月一五日にGHQ（連合国総司令部）が発した政教分離指令、すなわち「神道指令」、さらにそれに基づいて一九四六年二月三日に日本政府が発した宗教法人令によって、国家との繋がりを断たれて一宗教法人となった靖国神社に対する国家護持の復活のために、自民党から「靖国法案」が一九六九年から一九七四年まで五回も国会に提出された。しかし同法が成立しないと、国家護持の実現のための過渡的措置として、首相をはじめ閣僚の靖国神社公式参拝の実現が一九七五年から執拗に試みられた結果、遂に一九八五年八月一五日に中曾根康弘首相が公式参拝を行い、さらに小泉純一郎首相が二〇〇一年四月から二〇〇六年九月まで首相としての任期中に毎年靖国神社参拝を行うなど、靖国神社をめぐって政教分離を定めた憲法第二〇条に違反する深刻な問題が多発したことによる。

他方、全国戦没者追悼式には注意が向けられなかったのは、これは靖国神社と違って宗教的儀式を伴わないためであろう。

中曾根康弘首相が一九八五年八月一五日に靖国神社に公式参拝をする直前の八月一一日付『毎日新聞』に掲載された社説「『靖国懇報告書』を読んで」には、中曾根の態度に対する批判が次のように述べられた。

「すでに毎年八月十五日には、日本武道館に天皇陛下をお迎えして、戦没者追悼式が、公式に催されてきている。特定宗教とかかわらないこの方式は定着しているといってよい。それなのに、あえて靖国神社への公式参拝にこだわるのは、特定の政治的な狙いからとみられても、やむをえまい。」

この論説もやはり宗教的儀礼を伴わない全国戦没者追悼式には思想的問題はないと見ているのである。

三浦永光も一九九五年に出版した著書で全国戦没者追悼式に対して次のような見解を述べた。

「毎年八月十五日に日本武道館で行われている全国戦没者追悼式では、日中戦争以後の犠牲者すべてが追悼されます。したがって、一般の戦災犠牲者も含まれています。この追悼式では、死者を神と呼ぶこともなく、戦没者の戦死をたたえて顕彰することも、戦死の理想を宣揚普及することもありません。ただ犠牲者を記念し、これに哀悼の意を表し、平和を祈るだけです。」

（三浦永光、九七頁）

つまり、彼は全国戦没者追悼式が戦死者を神とする宗教的儀礼を伴わず、かつ戦死者の追悼をするのみで顕彰はしないので、思想的問題はないと見たのである。

しかし全国戦没者追悼式には戦死者を神とする宗教的儀礼がなく、政教分離を定めた憲法第二〇条に違反していないから問題がないというものではない。全国戦没者追悼式は、宗教的儀礼がなくとも、戦死者に対する追悼という名の下に、実は日本の侵略戦争であったアジア・太平洋戦争下の日本人戦死者を、生命を国家に捧げた殉国者と見なして顕彰し、無条件の殉国を日本人民衆が従うべき規範として回復させようとしてきたのである。

しかし、田中伸尚は、全国戦没者追悼式は、追悼式という名称に反して、靖国神社と同じくアジア・太平洋戦争の日本人戦死者を生命を国に捧げた殉国者として顕彰している問題点を次のように指摘した。

「五二年五月二日に行われた初めての追悼式で吉田茂首相は、『祖国に殉ぜられた各位は、身をもって尊い平和の礎となり、民主日本の成長発展をのぞみ見らるるものと信じてうたがいませぬ』と、平和・成長へ向かうために戦没者は犠牲になったのだという意味づけをした。そして一一年後の六三年八月一五日の第一回戦没者追悼式では池田勇人首相はこう述べた。『戦後、わが国は平和を礎にして文化と経済に著しい発展を遂げましたが、この根底には過ぐる大戦において祖国の栄光を確信し、異境に散った多くのみたまの強き願いがあった』。

平和と発展・成長は戦没者の犠牲のおかげという国家の戦没者を称える常套句は、占領の終了と同時に語られるようになり、基本的には現在まで継承されている。これは戦没者の合祀の論理と根は同じであった。国家からは、戦没者や遺族に対して謝罪はもちろん、『二度と理不尽な死をひきおこすことはしない』という約束の言葉は決して聞かれない。」（田中伸尚、二〇〇二年、八六～八七頁）

田中は、以上の観点から全国戦没者追悼式は「『国のための死』を求める国民国家を再建していくためにはとても大切なメッセージだった」と見なした（田中伸尚、二〇〇七年、二四二頁）。

田中の見解は正しい。この全国戦没者追悼式は確かに宗教的儀式を伴わない。しかし政府はこの儀式の建前である追悼、すなわち「死者をしのんで、いたみかなしむこと」（新村出編『広辞苑』）の枠を超えて、日本人戦死者を国のために生命を捧げた殉国者として顕彰してきたのである。しかも表1（14—15頁）に示されるように、一九七五年以降二〇〇〇年までは全国戦没者追悼式に毎年六千人から七千人もの遺族代表が全国から出席したのである。政教分離論の観点からのみ問題を見ると、全国戦没者追悼式は宗教的儀式を伴わないために、それが持つ問題が見落とされがちだが、政府による日本人戦死者の殉国者としての顕彰が持つ問題性は厳然としてある。

後述するように、吉田茂首相や池田勇人首相は、全国戦没者追悼式の式辞で日本のアジア侵略や植民地支配を反省もせずに、日本人戦死者を殉国者として顕彰したのは、敗戦と被占領によって衰退した日本人民衆のいわゆる愛国心、すなわち日本の再軍備のための思想的支柱となる国家に対する忠誠心を回復しようと図っていたからである。大熊信行はこの点について次のような適切な問題把握をした。

「戦争は物量・兵力量のみによって戦われるのでなくて、国家への忠誠という国民の精神原理によって、全面的な死闘に到達できるのである。『兵力』概念そのものに、この精神的要素を欠くことができないのは、軍事専門家の通念である。」（大熊信行、一二九頁）

このような意味で、全国戦没者追悼式に際しての首相たちの発言の政治的・思想的意味は、首相やその他閣僚の靖国神社参拝の意味とともに十分に検討・批判しなければならない。

一九九三年八月一〇日に細川護熙《もりひろ》首相がアジア・太平洋戦争を侵略戦争と認める発言をした以降は、全国戦没者追悼式の際の首相の式辞は、日本人戦死者に対する追悼の色彩が濃くなった。しかしその後も首相たちは日本人戦死者を祖国の安泰を願った者と認定して、殉国者という意味づけを残し、日本人民衆を侵略戦争に動員して無意味な死を強いた国家責任を認めて謝罪する首相は、遂に一人も現われなかった。南相九《ナムサング》も、首相たちのアジア・太平洋戦争の日本人戦死者観を概観して「一九九〇年代に入ると、アジア諸国の戦争被害者に対する追悼と『侵略戦争』への反省が加わるなど、形式的には内向きの性格が弱くなるが、戦没者＝『殉国』という認識は変わらなかった」と見た（南相九、三五七頁）。

小泉純一郎首相は、自衛隊に対して日本人民衆が敬意と感謝の念を抱くようにするための演技として、二〇〇一年四月から二〇〇六年までの任期中毎年靖国神社に参拝をした。こうした行動を生み出す土壌が小泉以前の首相たちによって作られてきた結果であろう。

二〇〇四年二月二五日、自民党と民主党の国会議員有志で組織された「教育基本法改正促進委員会」の設立総会で西村真悟民主党議員は、今後の教育のあり方に関連して「お国のために命を投げ出しても構わない日本人を生み出す。お国のために命をささげた人があって、今ここに祖国があるというこ

表１　全国戦没者追悼式実施状況

開催年月日	実施場所	出席遺族数	出席皇族
1952・5・2	新宿御苑	1,495～2,100余	天皇・皇后
1963・8・15	日比谷公会堂	1,495	〃
1964・8・15	靖国神社境内	1,592	〃
1965・8・15	日本武道館	4,315	〃
1966・8・15	〃	4,415	〃
1967・8・15	〃	4,576	〃
1968・8・15	〃	4,871	〃
1969・8・15	〃	4,672	〃
1970・8・15	〃	5,794	〃
1971・8・15	〃	5,419	〃
1972・8・15	〃	5,337	〃
1973・8・15	〃	5,024	〃
1974・8・15	〃	5,337	〃
1975・8・15	〃	6,216	〃
1976・8・15	〃	5,185	〃
1977・8・15	〃	6,154	天皇
1978・8・15	〃	6,086	天皇・皇后
1979・8・15	〃	6,649	〃
1980・8・15	〃	6,853	〃
1981・8・15	〃	7,134	天皇
1982・8・15	〃	6,884	皇太子・皇太子妃
1983・8・15	〃	6,697	天皇
1984・8・15	〃	6,730	〃
1985・8・15	〃	7,336	〃
1986・8・15	〃	7,201	〃
1987・8・15	〃	6,925	〃
1988・8・15	〃	6,872	〃
1989・8・15	〃	7,037	天皇・皇后
1990・8・15	〃	6,761	〃
1991・8・15	〃	7,025	〃

開催年月日	実施場所	出席遺族数	出席皇族
1992・8・15	日本武道館	6,675	天皇・皇后
1993・8・15	〃	6,471	〃
1994・8・15	〃	8,471	〃
1995・8・15	〃	6,849	〃
1996・8・15	〃	約7,000	〃
1997・8・15	〃	約6,300	〃
1998・8・15	〃	約6,000	〃
1999・8・15	〃	約6,500	〃
2000・8・15	〃	約6,300	〃
2001・8・15	〃	約5,700	〃
2002・8・15	〃	4,975	〃
2003・8・15	〃	約5,000	〃
2004・8・15	〃	約4,900	〃
2005・8・15	〃	約6,000	〃
2006・8・15	〃	約6,000	〃
2007・8・15	〃	4,776	〃
2008・8・15	〃	約4,600	〃
2009・8・15	〃	約4,800	〃
2010・8・15	〃	約6,000	〃
2011・8・15	〃	約4,900	〃
2012・8・15	〃	約4,800	〃
2013・8・15	〃	約4,800	〃
2014・8・15	〃	約4,800	〃

出典：①1952年5月2日＝本書22頁
②1963～1995年＝厚生省社会・援護局50年史編集委員会監修『援護50年史』ぎょうせい、521～522頁
③1996～2006年、2008～2014年＝『朝日新聞』
④2007年、2010年＝『毎日新聞』

とを子どもたちに教える。これに尽きる。」と述べた（『朝日新聞』二〇〇四年二月二六日）。これも同じ思想的土壌から生まれた発言であろう。

こうした思想状況の中で二〇一二年四月二八日に発表された自民党の「日本国憲法改正試案」では、国防軍の設置が規定され、かつ国旗、国歌の尊重が規定されている。そして衆議院議員選挙向けに二〇一二年一一月二一日に発表された自民党の選挙公約では、国旗損壊に対する罰則を刑法で設定するとしている。二〇一二年一二月二六日に成立した第二次安倍晋三政権によってこれらの政策は推進されるであろう。したがって日本人民衆をアジアに対する侵略戦争に動員して無意味な死に追い込んだ日本国家の戦争責任の認知を回避し、かつ軍備を支える対国家忠誠心を再び復活・強化するために日本人戦死者を殉国者として顕彰してきた日本政府の戦後責任を明らかにして、今日の危険な状況に対して警鐘を鳴らす必要がある。

小著は以上のような問題意識に立脚し、靖国神社の国家護持問題や首相の靖国神社公式参拝問題に限らず、全国戦没者追悼式や戦後五〇年の国会決議と村山首相談話などの面にもわたって、連合国占領体制の終了後の日本政府、および戦中、特に戦後の日本人の戦死者遺族が日本人戦死者をどのように意味づけてきたのかを、日本国家の戦争責任や戦後責任をめぐる戦後思想史の一環として解明することを課題とする。

《凡例》

（1）引用する文章は、読みやすくするために、引用文中の漢字の旧字体は新字体に、旧仮名づかいは新仮名づかいに改め、片仮名で記された文章は平仮名に改めた。また句読点を増やし、適宜改行した。今日ではあまり使われない漢字にはルビをつけた。

（2）引用文中、特に重要な意味を持ち、注意して読んでもらいたい箇所には、傍線をつけた。

（3）本文中に記載した出典は、筆者、著者、編者などの氏名と引用頁のみに止めた。出典の著書・編纂書・論文の題名、出版社名、出版の年次は、巻末の参考文献欄に記した。

著者、編者、筆者に複数の著書・編纂書・論文がある場合は本文中に、著書・編纂書の場合は出版の年次を記し、論文の場合は雑誌の発行年月を記した。

同一の年に、または年月に同一の著者、編者、筆者の著書・編纂書・論文がある場合には出版の年または発行の年月の他にa,b,c…をつけて区別できるようにした。

（4）注記はそれぞれの節の末尾にまとめて記載した。

（5）文中の首相・官房長官等の肩書き・役職は当時のものである。

一　アジア・太平洋戦争日本人戦死者の顕彰による対国家忠誠心の再興を目指す政府主催の全国戦没者追悼式の成立と展開

1　初期全国戦没者追悼式開催とその歴史的背景

最初の全国戦没者追悼式の開催

前述のように、最初の全国戦没者追悼式は、サンフランシスコ講和条約が発効した一九五二年四月八日からまもない五月二日に開催され、一九六三年からは毎年八月一五日に開催されるようになった。ここではまず一九五二年五月二日に初めて開催された全国戦没者追悼式の政治的・思想的背景とその意味を考えてみたい。

一九五二年五月二日に最初の全国戦没者追悼式が開催されるに至った契機は二つあった。

首相吉田茂は一九五一年三月九日に開催された参議院予算委員会で、占領下で衰退したいわゆる愛国心ないしは独立心を回復するには一日も早く講和条約が成立する必要があると力説した(1)。その吉田がサンフランシスコ講和条約が発効した早々に全国戦没者追悼式を開催したのはごく当然のことだった。後述するように、実は吉田は、アジア・太平洋戦争日本人戦死者に対する追悼を名目にして、戦死者を国に生命を捧げた殉国者として顕彰し、その遺族、および遺族を通じて民衆のいわゆる愛国心、すなわち対国家忠誠心の回復・高揚をいち早く図ったのである。

最初の全国戦没者追悼式を推進したもう一つの動きがあった。それは、一九五二年（昭和二七年）一月二〇日に東京の法政大学で開催した第三回全国戦没者遺族大会で、日本遺族厚生連盟が「二七年度早々、国および都道府県市町村が主催して戦没者の慰霊行事を行い、その費用は国が負担すること」を政府に要求することを決議したことにある（日本遺族会事務局、一八頁）。

一九四五年一一月二四日付でＧＨＱが発した覚書「恩給及び恵与」にもとづき日本政府は、一九四六年二月一日付で公布した「勅令第六八号」で、重度戦傷者を除き軍人・軍属に対する恩給、遺族に対する公務扶助料を停止した。そのため困窮した遺族、とくに戦争未亡人たちが参加し、生活擁護を運動の主軸にして、一九四六年六月九日に戦争犠牲者遺族同盟が成立した。この戦争犠牲者遺族同盟が一九四七年五月に分裂した後に、日本人戦死者を英霊として顕彰することを運動の主軸にして一九四七年一一月一七日に成立したのが、日本遺族厚生連盟だった（今井勇、九二～一〇五頁）。

吉田の政策が以上のようだったから、日本遺族厚生連盟の、国家による戦死者の慰霊行事の要求は政府によって容易に受け入れられ、早くも一九五二年「三月二九日午後一時吉武厚生大臣は衆参厚生委員長、各省関係者および遺族代表を大臣室に招き、五月三日に予定される講和発効記念式典ならびに憲法公布四周年記念行事とあわせ、戦没者に対する国家的感謝の式典を開催する件につき打合せ会をひらき」、次の案を作成した。

「①期日＝五月二日か三日
②主催＝国家でおこなう
③範囲＝戦争犠牲者（これには空襲等による死没者を含む）
④場所＝新宿御苑
⑤参集家族＝都市代表約千名
⑥戦没者＝支那事変による戦没者までさかのぼる
⑦この式典に関連し、靖国神社臨時大祭の執行も考えられた。」

（『日本遺族通信』一九五二年四月一日）

この会合に出席した日本遺族厚生連盟理事池田平治は「主催は国家、式典には天皇の御臨席を仰ぐことを要望した。」（前掲『日本遺族通信』）

この式典は、上記のように戦死者に対する追悼ではなく、「戦没者に対する国家的感謝の式典」、つまり戦死者を顕彰する式典として企画されたのである。その趣旨は日本人戦死者を天皇制国家に生命を捧げた殉国者として合祀し顕彰した靖国神社の趣旨となんら変わりはない。

式典への天皇の出席を要望した池田の案は、戦死者を合祀する春秋の靖国神社臨時大祭への天皇の

「御親拝」を戦死者とその遺族の栄誉とした戦前の型を踏襲したものである。

最終的には五月二日に新宿御苑で開催することが四月一日の閣議で決定された（『朝日新聞』一九五二年四月一日夕刊）。次いで四月八日の閣議で次のことが最終決定された。

「一、政府の主催とし、天皇、皇后両陛下をお迎えして行う。

一、この式典の戦没者の範囲は日華事変以降の戦争による死没者（戦災死者等を含み、軍人・軍属に限らない）とする。

一、この式典は宗教的儀式をともなわないものとする。

一、この式典の一定の時刻に全国民が一せいに黙とうするよう勧奨する。

一、この式典には全国から遺族代表を参列させる。参列に要する経費に対し一定額の旅費を国から補助する。

一、各道府県市町村でも実情に応じて適当な時期に戦没者追悼式典を行うよう勧奨する。」

（『朝日新聞』一九五二年四月八日夕刊）

厚生大臣室での会合では靖国神社臨時大祭の執行も考えられたのだが、上記のように閣議決定で「式典は宗教的儀式をともなわないものとする」と変更された。これは宗教と国家の分離政策を強力に推進してきたGHQの民間情報教育局の宗教課長で後に宗教文化資源課長となったW・K・バンスの働きかけがあったからであった（大原靖男、一九七頁）。

予定通り最初の全国戦没者追悼式は、五月二日に政府主催で新宿御苑で開催された。参加した遺族代表人数は、厚生省社会・援護局援護50年史編集委員会監修『援護50年史』（ぎょうせい、一九九七年）によると、一、四九五名、一九五二年五月一五日付『日本遺族通信』によると、二、一〇〇余名だった。君が代奏楽のうちに天皇、皇后が入場した。

天皇の「お言葉」は次のようだった。

「今次の相つぐ戦乱のため、戦陣に死し、職域に殉じ、また非命にたおれたものは、挙げて数うべくもない。衷心その人々を悼み、その遺族を想うて、常に憂心やくが如きものがある。

本日この式に臨み、これを思い彼を想うて、哀傷の念新たなるを覚え、ここに厚く追悼の意を表する。」（『毎日新聞』一九五二年五月二日夕刊）

この「お言葉」は史実を無視している。

戦死者は日本国家の動きと無関係に起こった「相次ぐ戦乱」のために戦死したのではない。天皇制国家が中国を侵略した結果、東アジアに利害関係をもつアメリカをはじめとする連合国との太平洋戦争を引き起こしたのである。従って大元帥として日本軍に対する統帥権をもつ天皇には、国の内外の戦死者に対しての責任があることは明白である。(2)

しかし天皇は、この際の「お言葉」でも、その後の全国戦没者追悼式の「お言葉」でも内外の戦死者に対して一言の謝罪の言葉も述べなかった。

一九五二年五月二日開催の全国戦没者追悼式（於・新宿御苑）に出席した天皇・皇后（写真上）と遺族代表たち（写真下）。
（どちらも『朝日新聞』一九五二年五月二日夕刊より）

天皇は「お言葉」を述べた後、皇后と共に君が代奏楽のうちに退場した（『毎日新聞』一九五二年五月二日夕刊）。

天皇の言葉の後に吉田首相の式辞が続いた。彼は、「戦争のため祖国に殉ぜられた各位は、身をもって尊い平和の礎となり、民主日本の成長発展をのぞみ見らる丶ものと信じてうたがいませぬ」と、戦死者は殉国者で、かつ平和の礎となったと、戦死者を顕彰した（『日本遺族通信』一九五二年五月一五日）。

アジア・太平洋戦争の日本人戦死者をアジアに対する侵略戦争に動員されて無意味な死を遂げた者として認識し、生き残った者が二度とこのような死者を生み出さない決意をいだいた時に初めてアジア・太平洋戦争の日本人戦死者は意味ある存在に転化する。

しかし後述するように、吉田にはアジア・太平洋戦争に対する戦争責任意識はなく、敗戦のみを問題にしていた。

戦死者は小学校在学中から徹底した皇民化教育を受けたために殉国者意識を持っていた者が多かったことは事実だが、客観的には殉国者ではない。また、生き残った者のアジアに対する侵略と植民地支配の認識と反省という主体的営みなしには、日本人戦死者と戦後の平和とはなんの因果関係もない。

しかし、吉田が戦死者を殉国者であり、平和の礎と規定したのは、戦後の民衆に平和を求める意識が強まった思想状況に対応して戦死者の顕彰を意図したからであろう。吉田が作ったこのような型の戦死者の顕彰は、その後の全国戦没者追悼式の首相たちの式辞に繰り返し登場した。

衆議院議長林譲治の「追悼の辞」も、次のように戦死者を殉国者として意味づけた。

「わが国のため一身を犠牲として戦場にのぞまれ、不幸にして敵弾に倒れ、或は傷痍のために戦没し、或は戦災を受けて生命をおとされた方々とは今日幽冥境を異にして国家独立の喜びを共に頒《わか》ち合うことができないことは、かえすがえすも残念なことでありまして、洵《まこと》に痛恨の情に堪えません。」（前掲『日本遺族通信』）

佐藤尚武参議院議長の「追悼の辞」は、次のようだった。

「案じまするに、これらの物故者の一人々々は、たとえ当時の国策上の大きな誤りに禍いされたとは申しながら、その信念はまさしく東亜平和のため、敢然難に赴いた忠誠の士であり、または祖国愛の熱情からこの国土を守りつづけた同胞でありました。」（前掲『日本遺族通信』）

彼がいう「国策上の大きな誤り」とは、日本のアジア侵略を指しているのではない。彼が式辞で「祖国未曾有の敗戦と言う冷厳な事実」と言っているところから明らかなように、日本の敗戦を指している。したがって彼の式辞は、戦争が日本の敗戦に終わったにしても、戦死者は東洋平和や自国防衛のために戦死した殉国者として顕彰する趣旨のものである。

最高裁判所長官田中耕太郎は、次のように戦死者を位置づけた。

「思うに、我が国が過去の戦争によって重大な過誤を犯したことについては、ここに繰り返す要を見ません。しかし、戦争自体に対する批判と戦没者に対する追悼と感謝は全く別個の事柄であります。」

戦没者は国家緊急の際に忠誠な国民として義務を果され、祖国のために生命までを捧げられました。如何なる社会、如何なる時代にも、かような犠牲は人類普遍の道徳原理に一致し、最も崇高な徳行として、同胞の衷心よりの賛美と感謝を受けるに値するものであります。」（前掲『日本遺族通信』）

田中がいう「重大な過誤」とは日本が侵略戦争を行ったことを意味するのか、それとも日本の敗戦を言うのか、わからないが、いかなることがあろうと、殉国は人類普遍の道徳原理だと言って、戦死者を顕彰した。前述のように、この追悼式は、追悼ならぬ「戦没者に対する国家的感謝の式典」として企画されたのだから、彼等の式辞も戦死者の顕彰となったのも当然である。

吉田茂首相の再軍備と結びついた愛国心高揚論

最初の全国戦没者追悼式の開催は、前述のように、日本遺族厚生連盟の要求にもよったが、なによりも吉田茂がいわゆる愛国心、すなわち対国家忠誠心の回復と高揚を意図していたことによるところが大きい。吉田の愛国心論は日本の再軍備を支える精神の核心として力説されたことに注意すべきである。

一九五一年一月一日、連合国最高司令官マッカーサーは、日本人に対する年頭の辞で「日本国憲法は国家の政策の具として戦争を放棄している」、そしてこれが「最高の一つの理念」を現していると言いながら、他方では「もし国際的な無法律状態が引続き平和を脅威し、人々の生活を支配しようとするならば、この理想はやむを得ざる自己保存の道に譲らねばならなくなることは当然であり……」と述べた（『朝日新聞』一九五一年一月一日）。言うまでもなく、これは米ソ冷戦の開始に対応して日本の再軍備を示唆するものだった。

マッカーサーは一九五〇年六月二五日に朝鮮戦争が起ると、七月八日に日本政府に対して七万五千人の警察予備隊と海上保安庁八千人の増員を指示した。日本政府は同年八月一〇日に警察予備隊令を公布し、警察予備隊を創設した。一九五二年四月二六日には海軍再建を目指して海上警備隊が発足した。一九五二年七月三一日に公布された保安庁法により保安庁が設置され、警察予備隊は保安隊に改組された。

保安庁長官事務取扱となった吉田は、この年八月四日に保安庁に行き、保安庁幹部に対して「保安庁新設の目的は新国軍の建設である」と再軍備の方針を明らかにした上で「再軍備をするとすれば物心両面からの準備が必要で、このために敗戦は軍人だけの責任だけでなく、国民全体の責任であることを徹底させると共に、軍人恩給などの復活を図らねばならない」と言った（『朝日新聞』一九五二年八月五日）。

一九五二年一一月二六日の衆議院本会議で彼は「戦争の責任をすべて軍人に課して（中略）軍人に対する恩給も停止した。遺族扶助料もこれを与えなかった。かくのごとくして、再び国家のために犠牲になれと申しても、これは国民が承知できないのは当然であります。（中略）軍備をいたしたところで、国民の精神が軍備の中に入らなければ、とてつもないことになる。まず国民は愛国心の何たるかを知ることが大事であります」と言った（国会議事録検索システムによる。以下、注記のない限り国会での発言は同様）。

吉田には侵略戦争に対する責任意識はなく、敗戦のみを問題視し、GHQの命令で一九四六年二月一日に停止された軍人恩給や戦死者遺族扶助料の復活という経済的措置によって、再び国家に対して生命を捧げる対国家忠誠心を復活・高揚させようというのが吉田の方針だった。

このために一九五二年四月二五日に「戦傷病者戦没者遺族等援護法」が成立し、戦傷病者の軍人・軍属には傷害年金の支給と更正医療の実施、戦死軍人・軍属の遺族には遺族年金や弔慰金が支給されるようになり、一九五三年八月一日には「恩給法中一部改正法」が公布され、一九四六年二月一日に停止された軍人恩給が復活した。

厚生大臣吉武恵一は、一九五二年三月一三日に開催された衆議院厚生委員会、および同年四月一四日に開催された参議院厚生委員会で「戦傷病者戦没者遺族等援護法」の提案理由を説明して「これらの戦傷病者、戦没者遺族等は、過去における戦争において国に殉じた者でありまして、これらの者を国が手厚く処遇するのは、元来国としての当然の責務であります」と述べた。つまり戦傷病者、戦死者遺族に対する援護は殉国者に対する国家の褒賞なのであって、侵略戦争に動員して戦死や戦傷病させたことへの謝罪の意味ではなかった。

衆議院厚生委員会が一九五二年三月二五日に開催したこの問題の公聴会で、日本遺族厚生連盟副会長佐藤信が公述した。彼は「私たち遺族は、無謀なる戦争によってそれぞれその肉親を失った者でございます」と言って、「特攻戦術」のような野蛮な戦術を兵士に強いた国家を非難した。しかし彼は国家が無謀な戦術を兵士に強いたことは非難するが、日本国が兵士を侵略戦争に動員したことを非難したのではない。

彼は「ただ私たち遺族は、この最大なる犠牲は、ただただ国家のためにということと、国家に一命をささげた英霊の遺族であるという誇りとによって、自分の生活態度を規正いたしまして、あらゆる苦難に耐え、内心は鬱積いたしておりまする憤懣を抑えまして、その主張をきわめて謙虚に、その行動をきわめて穏健にいたして参ったのでございます」という。そして結論としては「遺族は、国家に感謝こそ求め、補償をこそ求めておるのに、政府はこれに援護を押しつけようといたしており、しかもそれが生活保護法を下まわるようなものを与えて、どこにその意義があるのか」と政府を非難した。つまり、佐藤は軍人恩給の廃止によって困窮した遺族の救済に熱意を込めたのだが、しかし戦死者を国家に一命をささげた殉国者とみなし、殉国に対する国家の感謝の表現としての補償を求めたのであって、政府が民衆を侵略戦争に動員して無意味な死を強いたことに対する謝罪を意味する補償を求めたのではなかった。

したがって佐藤の見解は、戦死者と戦傷病者を殉国者と見なす政府の態度に対する本質的な対決にはなりえない。ここに日本遺族厚生連盟が国家の負担による戦死者の慰霊行事を要求し、かつ戦死者を顕彰する政府主催の全国戦没者追悼式に積極的に参加する思想的原因があった。

日本人戦死者を殉国者とみなし、これに対する褒賞として遺族に対する救済策を講ずる政府のこのような政策に呑み込まれていく遺族の動きに接した真宗僧侶の遺族である菅原龍憲は、「遺族達が受け取る遺族年金は国家の責任において、国家の犠牲者に対する『補償金』のはずである。しかし遺族たちには『補償』の意識はなく、『国家に命をささげ』『偉業をなした』者に対する勲記、勲章とともに国家からいただく『ごほうび』なのである」と嘆いた（菅原龍憲、二〇〇五年、二九頁）。

事実、それが多くの遺族の意識の現実だった。

寒川尚周の母は、その夫は二度戦死したと受け止めたという。すなわち「1度目は実際に戦死した時に。そして2度目は終戦直後身近な親族からこの度の戦争で死んだ者は、すべて犬死だと言われた時」だった。

寒川によると、「父は2度戦死したと受け止めていた母の空虚感をいくらかでも満たしてくれたのは、靖国神社と遺族年金であった」という（寒川尚周、五頁）。つまり、彼の母にとって靖国神社は、夫を殉国者として顕彰してくれる神社であり、国家が給付する遺族年金は殉国者である夫に対する国家の褒美なのであった。

吉田は、早急な再軍備は内外から疑惑を招き、また戦争による破壊のために衰退した日本の経済力では無理だと考え、一九五一年一月二六日に開催された第一〇回国会衆議院本会議での施政方針演説で「わが再軍備論は、すでに不必要な疑惑を内外から招いており、また事実上強大なる軍備は、敗戦後のわが国力の耐えざるところであることは明白であります」と述べた。

吉田は経済復興を当面の優先的課題とし、早急な再軍備は避けるにしても、長期的な展望の下で行われるべき再軍備に不可欠な精神的条件として、国家に対する日本の民衆の忠誠心、いわゆる愛国心の回復・高揚を緊急な課題として提起した。

吉田は一九五二年九月一日に開催された自由党議員総会でも「再軍備については現在は経済的にもできない」と言った上で、「物心両方面から再軍備の基礎を固めるべきである。そこで精神的には教育の面では万国に冠たる歴史、美しい国土など地理、歴史の教育により軍備の根底たる愛国心を養わなければならない」と力説した（『朝日新聞』一九五二年九月一日夕刊）。

以上のように吉田は、敗戦と連合国の占領により衰退したいわゆる愛国心、すなわち国家に対する民衆の忠誠心を回復するために、経済面では戦傷病者、戦死者遺族に対する年金や弔慰金などの支給や軍人恩給の復活を行うと同時に、精神面では全国戦没者追悼式を開催して戦死者の顕彰を行ったのである。

千鳥ケ淵戦没者墓苑の竣工式と併せて開催された戦没者追悼式

政府が海外から収集した戦死者遺骨の中、氏名を特定できないために遺族に引き渡せない遺骨を納めた東京都千代田区三番町の千鳥ケ淵戦没者墓苑の竣工式と併せて、戦没者追悼式が厚生省主催により一九五九年三月二八日に開催された。全国から遺族一三〇余名が出席した（厚生省社会・援護局援護

50年史編集委員会、二四八頁、五一八頁)。

やはり天皇・皇后も出席した。天皇の「お言葉」は次のようで、戦死者を自発的な殉国者と見なし、彼等を無意味な戦死に追い込んだ自己の戦争責任については一言も触れなかった。

「先の大戦に際し、身を国家の危急に投じ、戦陣にたおれた多くの人々と遺族を想い、常に哀悼の念に堪えない。

本日、この戦没者墓苑に臨み、切々と胸に迫るものがあり、ここに深く哀悼の意を表する。」

(厚生省社会・援護局援護50年史編集委員会、二四八〜二四九頁)

岸信介首相は追悼の辞で次のように述べた。

「思うに、戦後におけるわが国の平和国家としての復興ぶりはまことに目覚しいものがあります。また、大戦を契機としてアジア諸民族は長年の植民地支配を脱し、新興国家として着々発展しつつあります。私は、国運の伸張とアジア地域における平和の維持に努めることが祖国に殉ぜられた諸霊に報いる所以であると信じ、全国民とともにさらに渾身の努力を払う決意であります。」

(厚生労働省所蔵文書)

岸は一九三七年七月に満州国政府産業部の実権を握る次長に就任し、一九四一年一〇月には東条内閣の商工大臣に就任した人物であり、アジアに対する侵略と植民地支配の責任を負っている。しかし、この追悼の辞にはその責任意識の片鱗すら見えず、日本人戦死者を「祖国に殉ぜられた諸霊」として顕彰し、彼等を侵略戦争に動員して無意味な死に追い込んだ東条内閣の一員としての罪責意識は全く見られない。岸のこの思想は、後述するようにその孫安倍晋三にみごとに継承されている。

〔注〕

（1）一九五一年三月九日に参議院予算委員会で吉田茂が述べた愛国心論・独立心高揚論は左記のようである。

「敗戦になり、一時国民が虚脱の状態になり、国として独立を失って占領下に置かれ、各種の国家としての活動が停止せられたというこという状態においては、自然に愛国心、独立心が衰退すると申すか、曽つてのごとき情熱を持って愛国・独立を説くということができなくなったというのは当然の結果であります。この愛国心、独立心がなければ一国として国を成すわけにはいかない。国民の燃えるがごときこの愛国心、独立心によって国の独立が保たれ、国の繁栄が生ずるのでありますが、併《しか》し独立を失って占領下における国家としては、自然に国民の愛国心又独立心がそこなわれるということは当然のことであります。愛国心、独立心を高揚せしむる第一の条件は、国が独立を回復することであり、従って講和条約が一日も早く結ばれることを希望せざるを得ないのであります。」

（2）天皇の大元帥としての言動を実証的に解明した山田朗は天皇の戦争責任として次の三点を指摘した。

「①国務と統帥（軍事）を統括できるただ一人の責任者としての責任
②唯一の大本営命令（最高軍事命令）の発令者としての責任
③統帥権の実際の行使者としての責任（統帥部を激励あるいは叱責して積極作戦を要求したり、「御下問」「御言葉」を通して作戦を督促して、現実の作戦・戦争指導をおこなったことにともなう責任）」

（山田朗、三一九頁）

2　本格的全国戦没者追悼式の開始

日本遺族会などによる本格的全国戦没者追悼式への動き

前述のように、一九六三年からは毎年八月一五日に全国戦没者追悼式が行われるようになった。

一九五九年六月に参議院議員になるまで日本遺族厚生連盟、さらに日本遺族会の事務局長を務め続けた徳永正利の回想によると、彼は一九六二年秋に厚生省援護局長山本浅太郎に会った際に、戦死者遺族の「処遇範囲の拡大や扶助料の増額に力を入れることは勿論だが何か、精神的な面も考える必要がある」と言って、戦死者慰霊祭を提案し、それから山本は厚生省内のとりまとめや、大蔵省との折衝などの努力を重ねたと言う（徳永正利）。

一九六三年の全国戦没者追悼式の計画は五月一四日の閣議で次のように決定された。

「　閣議決定の全国戦没者追悼式に関する件

今次大戦における全戦没者に対し、国をあげて追悼の誠を捧げるため、次により式典を実施する。

記

一、政府主催で、昭和三十八年八月十五日、日比谷公会堂において天皇皇后両陛下の御臨席を仰いで、全国戦没者追悼式を実施する。

二、本式典の戦没者の範囲は、支那事変以降の戦争による死没者（軍人、軍属及び準軍属のほか、外地において非命にたおれた者、内地における戦災死没者等を含むものとする）とする。

三、本式典は、宗教的儀式を伴わないものとする。

四、式典当日は、官衙《かんが》等国立の施設には半旗を掲げることとし地方公共団体に対しても同様の措置をとるように勧奨する。

また、本式典中の一定の時刻において全国民に一斉に黙とうするよう勧奨する。

五、本式典には、全国から遺族代表を国費により参列させる。」

（『日本遺族通信』一九六三年六月一日）

閣議は以上のように、この全国戦没者追悼式も無宗教で日比谷公会堂で行うことにした。全国戦没者追悼式は、以後同様の閣議決定により毎年八月一五日に開催された。

山本浅太郎の説明によると、「遺族には、式を靖国神社において行ってほしいという要望があった」という（山本浅太郎）。

ここでいう遺族とは日本遺族会所属の遺族であろう。日本遺族会は一九五三年三月一一日に成立し、それまで存続していた日本遺族厚生連盟は同年六月四日に解散した。日本遺族会設立趣意書には、「戦争犠牲者の遺族は物心両面において大きな打撃を蒙っている。殊に寄辺ない寡婦、不具病弱者、老人、幼年者等の世界においては生計の破綻のため、思想的にも道徳的にも尠《すく》なからぬ動揺をきたしている」と遺族の窮状を述べていた。そして寄付行為第二条には「この会は戦没者の遺族の福祉の増進、慰謝救済の道を開くと共に、道義の昂揚、品性の涵養に努め、平和日本の建設に貢献することを目的とする」と、会の目的が書かれていた（『日本遺族通信』一九五三年四月一日）。

ところが、この年一〇月一七日に開催された日本遺族会第三回評議員会は寄付行為の改定を行い、第二条の冒頭に「英霊の顕彰」を新たに入れて「この会は英霊の顕彰、戦没者の遺族の福祉の増進、慰謝救済の道を開くと共に……」とした（『日本遺族通信』一九五三年一一月一日）。

「英霊」とは死者の尊称だが、歴史的には日露戦争の頃から天皇に忠誠を尽くして戦死した霊の美称となった（村上重良、二二頁）。そして靖国神社に戦死者を英霊と称して祀り、これを国民が従うべき模範としたのである。

国費でまかなわれていた別格官幣社であった靖国神社は、前述のように一九四五年一二月一五日にＧＨＱが発した神道指令に対応して同年一二月二八日に公布された宗教法人令に基き、一九四六年九月七日に単立宗教法人として設立登記し、民間の一宗教法人となっていた。しかし、一九五九年一〇月二六日、日本遺族会の理事会と評議員会の合同会議は、「靖国神社国家護持の全国署名運動」の実施を決定し、翌月から署名運動が展開された（日本遺族会事務局、三七頁）。日本遺族会は全国戦没者追悼式を靖国神社で行うことによって、靖国神社の国家護持に近づけようと考えた。しかし「現行法制の建て前からその希望にそい得ないことについては、だんだんと遺族にも理解されてきている」と山本は言った（山本浅太郎）。

つまり、政府側は、憲法第二十条の政教分離の規定に反した措置として批判を受けることを避けるために会場を靖国神社にすることを退けたのであろう。その結果、一九六三年八月一五日に開催された全国戦没者追悼式は日比谷公会堂で開催された。やはり天皇・皇后が出席し、参加した遺族は一、四九五人だった（表1）。

しかし日本遺族会の全国戦没者追悼式の靖国神社境内での開催要求は極めて強く、翌一九六四年八月一五日の全国戦没者追悼式の会場は前年と同じく日比谷公会堂とすることが四月二四日の閣議で決定されたにもかかわらず、荒船清十郎、村上勇、その他日本遺族会役員は政府に働きかけて、七月九日の閣議で会場を靖国神社境内ですることに変更させた（『日本遺族通信』一九六四年八月一日）。

1963年8月15日開催の全国戦没者追悼式の会場。中央にいるのは天皇・皇后（『朝日新聞』1963年8月15日夕刊）

ただし、靖国神社境内での全国戦没者追悼式の開催はこの年一回だけに止まり、一九六五年からは東京都千代田区北の丸公園の日本武道館で開催され、それ以後も今日に至るまで毎年日本武道館で開催されている。

一九六四年七月六日、日本宗教者平和協議会、日本キリスト教団社会委員会、憲法を守るキリスト者の会、日本キリスト者平和の会の四団体が首相官邸で官房長官に面会し、靖国神社境内での全国戦没者追悼式の開催に反対の意志を表明した（『朝日新聞』一九六四年七月七日）。こうした反対運動が靖国神社境内での全国戦没者追悼式の開催を一回限りに止めたのであろう。


全国戦没者追悼式が毎年行なわれるようになった理由については、山本は次のように述べた。

「遺族が、悲しみのうちにも明るい表情を取り戻したことにおいてこれらの式典（初期の全国戦没者追悼式と千鳥ヶ淵墓苑での戦没者追悼式――引用者注）の意義はきわめて大きかったが、これが年々の行事にならなかったことに、遺族はふたたび深淵をのぞく思いにかられた。多くの遺族に接し、わたしはそのような感想をたびたび聞かされた。

今回、政府が全国戦没者の追悼式典を行なうこととし、これを毎年の行事にしたいと考えたゆえんは、戦没者に深い敬弔のまことを捧げることが、国の責任であり、また、後代に生を永らえ得た国民の道義的つとめでもあると考えたからにほかならない。」（山本浅太郎）

山本は遺族の気持ちを次のように伝える。

「戦いは間違っていたかもしれない。しかし自分の夫や子が、公事に殉じたことも、国も社会も忘

れないでほしい。――これが多くの遺族の率直な気持ちである。」（山本浅太郎）

そして山本は次のように主張する。

「戦争への批判とは別に、祖国に殉じた戦士を敬弔することは、東西古今に共通する常識になっている。」（山本浅太郎）

以上のように、本格的全国戦没者追悼式もまたアジア・太平洋戦争が何であったかを問わず、国家が戦死者を殉国者として顕彰することを目的として立案されたのである。

強烈なナショナリスト・池田勇人首相の課題

追悼式を毎年行うことになった経緯には遺族の要望があったのであろう。しかし首相池田勇人が追悼式にこめた目的は「戦没者に深い敬弔のまことを捧げる」ことに止まるものではなく、池田には、吉田と同じく、戦死者を殉国者として顕彰することによって再軍備に不可欠な日本民衆の対国家忠誠心を回復・高揚させようという、以前から抱いていた強烈な意欲があったのである。

この池田の考えは、一九五三年一〇月五日から三〇日にかけて吉田首相の特使としての池田とアメリカ国務次官補ロバートソンの間でワシントンで行われた、いわゆる「池田・ロバートソン会談」に明確に現われている。この会談は、米国が「相互安全保障法」にもとづいて、米国の軍事援助によって日本の再軍備を促進するための問題についての会談であった。軽軍備でまず経済復興を優先する吉田路線と、急速な再軍備を求めるアメリカ側の路線とは意見が一致できなかった。

池田はこの会談で吉田の考えを代弁して、日本の再軍備に四つの制約があると説明した。その制約の第一は憲法第九条、第二は「日本人は占領八年間において何事が起ころうと銃を取るなと教えられた」こと、第三は日本経済の貧困、第四は現状では軍隊に「多数の青年を急激に徴募することは日本においては不可能であるか、またはすこぶる危険なことである」ということであった（細谷千博、有賀貞、石井修、佐々木卓也、二三四～二三五頁）。

「一〇月一九日付池田特使覚書」によれば、この会談で日米両参加者の意見が一致したことの一つは次のことであった。

「本会議参加者は、日本国民が自己の防衛に関しより多くの責任を感ずるような気分を国内につくることが最も重要であると意見一致した。愛国心と自己防衛の自発的精神が日本において成長するが如き気分を啓蒙と啓発によって発展することが日本政府の責任である。」

（細谷千博、有賀貞、石井修、佐々木卓也、二三五頁）

そして一九五四年三月八日に日本の軍事力増強のためにアメリカが援助を与えることを内容とする日米相互防衛援助協定が調印され、五月一日に発効した。七月一日には陸海空三軍自衛隊が発足した。

池田はこの会談で表明した右の方針に従って、全国戦没者追悼式の年中行事化によってアジア・太平洋戦争の日本人戦死者を顕彰し、再軍備に必要な「愛国心」の高揚を図った。

一九六三年八月一五日、全国戦没者追悼式は、遺族一、四九五人が参加して開催された（表1）。池田は、日本人戦死者が侵略戦争での戦死者であることに眼をつぶって次のように戦死者の功績を顕彰した。

「戦争への批判はともかくとして、これら戦没者のいさおしと非命に倒れた同胞の長恨は長く青史にとどめられねばなりません。

戦後、わが国は平和を礎として文化と経済に著しい発展を遂げましたが、この根底には、過ぐる大戦において祖国の栄光を確信し、異境に散ったおおくのみたまの強き願いがあったことを一日も忘れらるべきではないのであります。」（『日本遺族通信』一九六三年九月一日）

翌一九六四年八月一五日の全国戦没者追悼式の際の池田の式辞の戦死者の「愛国の至情」の強調は、次のように一層強まった。

「荒野に散華し、職域に殉じ、さらに異境の地に非命に仆《たお》れた三百万余の同胞の、祖国に捧げた愛国の至情と足跡は、戦争の批判とは別に、永く歴史に止められねばなりません。」

（厚生労働省所蔵文書）

池田の戦死者顕彰の行為はこれに止まらなかった。戦死軍人・軍属に対する叙位叙勲はＧＨＱの意向により一九四七年四月二六日に打ち切られていたが、池田は一九六四年一月七日の閣議で戦死軍人、軍属に対する叙位叙勲の復活を決定した（厚生省援護局、四三八〜四三九頁）。

一〇、一七七名を対象にして第一回の戦没者叙勲が四月二五日付で発令された。池田は四月二五日に談話を発表し、「戦没者に対する第一回分として本日ここに一万余人の叙勲発令が行なわれた。戦没者に対する叙勲は、今次の戦争において、祖国のために尊い生命を捧げた方々に対して国として感謝の誠を捧げ、その生前の功績を顕彰する趣旨のものであり、本日の発令をみるに至ったことは、遺族の方々とともにご同慶に堪えない」と述べた（厚生省援護局、四四一頁）。

その後も池田内閣の下で戦死者叙勲が次のように次々と発令された（『朝日新聞』一九六四年五月三〇日、六月二七日、七月二九日、八月二九日）。

第二回戦死者叙勲　一九六四年五月三〇日に五、四二七名を対象に発令。
第三回戦死者叙勲　一九六四年六月二七日に五、三六二名を対象に発令。
第四回戦死者叙勲　一九六四年七月二九日に五、六〇五名を対象に発令。
第五回戦死者叙勲　一九六四年八月二九日に九、五七五名を対象に発令。

一九七六年一二月末に戦死者叙勲処理総数は、叙位を伴うもの七万三千三百九十二人を含め、二百七万八千七百四十人に達して終わった（厚生省援護局、四四二頁）。

池田は通説と違って単に高度経済成長政策のみを推進したのではない。実は、彼はきわめて強烈なナショナリストだったのである。

彼は一九六三年一月二三日の衆議院本会議で行った施政方針演説で「人つくりは国つくりの根幹であります」と言って学校教育や社会教育の充実を力説した。一九五八年六月に池田が第二次岸内閣の国務相に就任して以来、池田の秘書官だった伊藤昌哉の回想によると、池田が言う人づくりの核心はいわゆる愛国心の培養だった。伊藤はこれを次のように説明する。

「『人づくり』を豊富な社会にありがちな、退廃現象の対策と考える人がある。また高度工業社会の生産要員づくりだと考える人がある。もちろん『人づくり』は、そのいずれの面をもってはいる。しかし、池田の願いは、それをこえていた。池田は精神の独立は、なによりも自分自身の国を愛するところから生ずると考えた。自分が生をうけ、そこで生きている国を他の国にまもってもらっている状態では、愛国心は生まれようにも、生まれない。池田はそう考えた。」

（伊藤昌哉、二三七～二三八頁）

池田は内心は核武装論者だった。一九五八年五月頃、池田は「日本も核武装しなければならん」と伊藤に言ったという（伊藤昌哉、二三四頁）。池田は首相でいた頃、中曾根康弘にも「中曾根君、やはり日本も、核をもたなくては駄目だね」と言ったという（中曾根康弘、二〇一二年、一七七頁）。

中曾根は、佐藤栄作も一九六四年一二月二九日にライシャワー駐日大使と会談し、「中国が核を持つなら日本の核保有も常識である」と言ったことを回想して「池田、佐藤ともに、国際環境をうまく操縦して、日本も米英並みの能力を持たなければ駄目だというナショナリズムを強く持っていました」という（中曾根康弘、二〇一二年、一七七頁）。

池田は日本が軍事大国になる日を期待し、その軍事大国を支えるいわゆる愛国心の高揚を目指していたのである。吉田茂の直系の政治家である池田は吉田の愛国心論を継承し、盛んに愛国心論を説いていた。

彼は一九六二年六月二日の大阪での参議院選挙の応援演説で当時の教育に言及して「偏向教育が行われている。いまの民主主義がひとりよがりになり、家庭と国家を忘れていないだろうか」と言った（『朝日新聞』一九六三年六月三日）。

また同年同月七日に埼玉県大宮市（現さいたま市）県商工会館で開催された自民党県連大会演説会で「自由と利己心をはき違え、個人と世界を尊重し、民族と祖国と家庭を軽視する思想は日本の国情に合わない」と言った（『読売新聞』同年同月八日）。つまり、彼は日教組攻撃を盛んにした。

このようにして将来における日本の核武装まで構想していたナショナリスト池田は、アジア太平洋戦争が侵略戦争であることに眼をつぶって日本人戦死者を殉国者として顕彰し、日本人民衆の国家に対する忠誠心の回復に向けた全国戦没者追悼式の方式を確立した。

表２　全国戦没者追悼式の際の天皇の「お言葉」の戦死者の殉国者としての意味づけ

年　月　日	天皇の「お言葉」
1964年８月15日	さきの大戦において国に殉じた数多くの人々とその遺族のうえを思い……
1966年８月15日	さきの大戦において国に殉じた数多くの人々とその遺族のうえを思い……
1967年８月15日	さきの大戦において、国に殉じた数多くの人々と、その遺族を思い……
1968年８月15日	さきの大戦において国に殉じた数多くの人々と、その遺族を思い……

出典：『朝日新聞』それぞれの年の８月15日夕刊

一九六五年八月一五日は「終戦」二〇年にあたる。佐藤栄作首相はその前日に談話を発表し「政府が式典を主催する趣旨は、国の危急に際し、一命を祖国のためにささげた戦没者をしのび、おおやけに国民全体としてこれら戦没者を追悼し、感謝の誠をささげようとするものである」と言った（『朝日新聞』一九六五年八月一五日）。

そして当日、佐藤は、日本武道館の会場での式辞で「およそ公共の危難に身をささげることは、いずれの時代、いずれの国家にも通ずる至高の道義であります」と、戦死者を顕彰し、「三百万戦没同胞のとうとい足跡は、永久にわが歴史に照らし、国民の敬仰、感謝するところでなければなりません」と、日本人民衆に戦死者に対する敬仰と感謝を求めた（厚生労働省所蔵文書）。

彼の意図は、戦死者を殉国者として崇めることによって、究極的には核武装して軍事大国化した日本を支えるナショナリズムの形成を目指していたのである。

これ以後も、首相たちの式辞は戦死者を愛国の至情ない

しは祖国愛の体現者として顕彰し続けた。(1)

表2に示したように、天皇もまた戦死者を殉国者とみなす「お言葉」をしばしば述べた。

一九六三年六月に厚生省が発行した宣伝用のパンフレット『全国戦没者追悼式の実施について』には、「追悼式の趣旨は、戦争への批判とは別に、戦没者を偲び、多くの犠牲の上に築かれた平和の尊重さるべきことの思いを、年ごとに新たにせんとするものである」と記されている（厚生省社会・援護局援護50年史編集委員会、五二〇頁）。

しかし、この説明は全国戦没者追悼式の実態に煙幕を張ったに過ぎない。日本が行ったアジア・太平洋戦争に対する反省を棚上げして日本人戦死者を殉国者として顕彰することは、「軍備の根底たる愛国心」の高揚に資するのみだった。

なお、式壇の中央に置かれた標柱に従来は「全国戦没者追悼之標」と記された名称が、一九七五年八月一五日の全国戦没者追悼式の時から「全国戦没者之霊」と変えられ、今日に至っている。これは「霊」という宗教的色彩のある表現に変えられたことを意味し、全国戦没者追悼式が靖国神社に近づいたことを示す。「遺族会等の強い要望があって」こうなったという（厚生省社会・援護局援護50年史編集委員会、三八六頁）。日本遺族会がこれを強く求めたのであろう。

〔注〕

（1）一九六六年から一九八二年まで各年の全国戦没者追悼式での首相たちの式辞中の戦死者の意味づけは次のようだった。

【一九六六年八月一五日　佐藤栄作】
私心をすてて、一身を捧げた同胞の至情こそは、永くわが国の歴史に書きとどめて、後世につたえられねばなりません（『日本遺族通信』一九六六年九月一日）。

【一九六七年八月一五日　佐藤栄作】
歴史ある祖国の危急にさいし、一命を国にささげた同胞の愛国の至情は、永く後世に語りつたえられねばなりません（『日本遺族通信』一九六七年九月一日）。

【一九六八年八月一五日　佐藤栄作】
祖国のために一身をささげられた同胞の至情は、時が移り、世代が変わりましても、永く歴史に書きとどめ、後世に語りつたえられなければなりません（厚生労働省所蔵文書）。

【一九六九年八月一五日　佐藤栄作】
私心を捨てて、一身を捧げた同胞の至情こそは、永く後世につたえられねばなりません（厚生労働省所蔵文書）。

【一九七〇年八月一五日　佐藤栄作】
私心を捨てて祖国のために一身を捧げたこれら同胞の尊い行為こそは、永久にわが歴史にとどめ、国民の敬仰し、感謝するところでなければなりません（厚生労働省所蔵文書）。

【一九七一年八月一五日　佐藤栄作】
国のために身命をささげられたこれら戦没同胞の至情こそは、永く後世につたえられねばなりません（厚生労働省所蔵文書）。

【一九七二年八月一五日　田中角栄】
祖国のために一身をささげられた同胞の愛国の至情こそは、永く後世につたえられ、国を挙げて感謝のまことをささげなければなりません（内閣総理大臣官房監修『田中総理大臣演説集』日本広報協会、一九七五年、一六～一七頁）。

【一九七三年八月一五日　田中角栄】

今、あの苛烈な戦いの日々を回想するとき、国の内外において、祖国の安泰を願いながら一身を捧げた三百余万の同胞の最後が偲ばれ、痛恨の情胸に迫るを禁じ得ません（厚生労働省所蔵文書）。

【一九七四年八月一五日　田中角栄】

およそ、祖国の危難に際し、一身をささげることは、いずれの時代、いずれの国家にも通ずる至高の道義であります。三百万戦没同胞の崇高なる至情は、永久にわが歴史にとどめなければなりません（『日本遺族通信』一九七四年九月一五日）。

【一九七五年八月一五日　三木武夫】

およそ、祖国の危難に際し、一身を捧げることは、いずれの時代いずれの国家にも通ずる至高の道義であり、戦没者同胞の至高の道義であり、戦没同胞の崇高なる至情こそは、永く後世に伝えられなければなりません（『日本遺族通信』一九七五年九月一五日）。

【一九七六年八月一五日　三木武夫】

この式典にあたり、祖国や肉親や友を思いつつ、帰らざる人となったこれら戦没同胞の心情に思いを寄せ、御霊のやすらけきを祈念し、……（厚生労働省所蔵文書）。

【一九七七年八月一五日　福田赳夫代理・西村栄一】

国の内外において、祖国の安泰を願い、肉親の将来に想いをはせつつ一身を捧げられた三百万余の同胞を思うとき、哀惜の想いが胸に迫るのを禁じ得ません（厚生労働省所蔵文書）。

【一九七八年八月一五日　福田赳夫】

祖国の危難に際して身命を捧げられたこれら戦没同胞の尊い犠牲こそは、永く後世に伝えられねばなりません（厚生労働省所蔵文書）。

【一九七九年八月一五日　大平正芳】
祖国の危難に際して身命を捧げられたこれら戦没同胞の尊い犠牲こそは、永く後世に伝えられねばなりません（厚生労働省所蔵文書）。
【一九八〇年八月一五日　鈴木善幸】
祖国の危難に際して身命を捧げ、今日の平和の基礎となられた同胞の崇高な至情こそは、ながく子子孫孫に伝えなければなりません（厚生労働省所蔵文書）。
【一九八一年八月一五日　鈴木善幸】
祖国の危難に際して身命を捧げられた戦没同胞の尊い犠牲を永く後世に伝えるとともに……（厚生労働省所蔵文書）。
【一九八二年八月一五日　鈴木善幸】
（前年と同じ）（厚生労働省所蔵文書）

3　日本人戦死者遺族や一般民衆の全国戦没者追悼式や戦死者叙勲の受け止め方

最初の全国戦没者追悼式を受け入れた戦死者遺族たち

一九五二年五月二日に開催された最初の全国戦没者追悼式に参加した戦死者遺族は、この追悼式をどのように受け止めたのか。

長野県小県郡遺族会長荻原武兵は、追悼式に参加した感想を『小県遺族会報』第一号に次のように書いた。

「省みれば、吾等遺族は終戦と共に、占領治下にあったとは言え、国や地方公共団体は勿論、社会一般よりも寧（ろ――引用者）冷眼視され、祖国の為に生命を捧げ乍《なが》ら、犬死同様に取扱われ、特に一家の支柱を失った老人や未亡人等はどの位つらい月日を送って来たことでしょう。思えば実に苦痛そのものの永い年月でした。よくも辛抱できたものと、自分ながら驚く位でした。

然るに、今日この式典に逢え、これ迄の不平や不満も影を潜め、暗い胸も今日のこの日本晴れの様にすがすがしい気持ちにかわり、英霊の志を継いで祖国再建に懸命に努力せんとこれ迄より一層の奮起躍動を覚えたのであります。（中略）

全郡下の遺族の皆さん！　遅蒔き乍ら、私どもにも希望の光がさし、救の手もさしのべられて、これ迄の苦労に対し、漸次報いられ様として来ました。過ぎ去ったいまわしい思出は一切忘れ、明るい気持ちで一致協力お国の為、社会の為に一層奮起しようではありませんか。」

（長野県遺族会、信毎書籍出版センター、一〇三頁）

以上のように、荻原は戦死者を殉国者として顕彰する全国戦没者追悼式に接して、敗戦により日本人の戦死を犬死にと見なされた遺族の苦痛から解放された喜びを述べた。

実際、敗戦に直面して遺族たちは肉親の戦死は犬死にだと嘆いた。

花田千代の母は、一九四五年八月一五日にラジオで天皇の降伏の詔勅を聞くと、特攻隊員として戦死した息子の写真の前で「犬死にになった」と白髪を振り乱して号泣した（朝日新聞社、一四六頁）。戦死者加藤一郎の祖母も、天皇の降伏の詔勅を聞くと、「一郎は犬死にじゃ」と絶叫し、家族一同号泣した（平和遺族会全国連絡会、八三頁）。

ある戦争未亡人は、姑から天皇の降伏の詔勅を聞いて次のように嘆いた。

「私はなんとしても戦争に勝ってもらいたかった。どんなことがあっても、どんなにしても勝ってもらわなければ、何のために苦しんだのか、〝ワケガワカラナク〟なる。もし本当に敗れたと言うことになれば、夫の死は一体どうなるんだ。たった、一〇ヶ月前まではこの家に住んで、一緒に仕事をし、畑をたがやしていた夫は戦死した。夫ばかりじゃなく、ただ死ぬためにだけ出征していった者の留守家族は一体どうすれば良いんだ。そう思うと、頭がガンガン鳴って体全体から力がぬけて行くのが判るようだった。」（佐々木健、一〇四～一〇五頁）

一九四五年一〇月四日付の香川県知事報告書「治安情報に関する件」にも、敗戦に伴って犬死に論が遺族から起こったことが次のように報告されている。

「三　戦死者遺家族の思想動向

休戦直後に於いては全般的には極度の憤激により戦死者の犬死的犠牲は軍の責任なり軍誹謗の声轟々たるものあり。（中略）

笹谷クニ

私の内には五人の内四人迄出征しています。其の内長男は昨年二月南方に於て遂に戦死しました。其の公報も本年五月でした。公報が来ただけで今も遺骨も帰って来ません。

今まで遺骨も来ないし其の上戦争に負け、又海軍で有る故遺骨は帰らないものと覚悟しては居りますが、たとえ一枚の遺物なりと送って来れば我が子供として神に祭ってやりたいが、何も送って呉れないと、本当に犬死です。

（中略）

某

復員になる人を見る毎に我が子、夫が無くなった事を思い出す。勝利であれば、護国の神と祭られて永遠に魂は生きることが出来得るが、こうなれば犬死である。」　　（粟屋憲太郎、二一八頁）

前述のように夫が戦死した寒川尚周の母のように、身近な親族からもこの度の戦争で死んだ者はすべて犬死にだと言われて傷つく遺族もいた。

夫が戦死した村松章子は、戦時中には「名誉の戦死者遺族」ともてはやされた遺族の社会的地位の戦後の転落状況を次のように記した。

「戦時中私たちは、社会から『誉の家』とか『栄誉の遺家族』とかいって、もてはやされた。戦没者を出さない、一般の家庭より、一段高い地位にあるかの如く見られ、自分もまたそれを、無上の光栄のような錯覚におちいっていたのだった。
労力が不足だといえば、青年団や婦人会、時にいたいけな小学生までが、勤労奉仕の旗を立てて、手伝ってくれた。薪や木炭の供出も除外された。品物の乏しい時、配給品は優先的だった。
それがどうだろう。終戦のとたんに事情は一変して、社会は私達を弊履の如く捨て去ってしまった。路傍の石のように、社会から完全に忘れられ黙殺されたのが、現実の私たちの姿なのだ。」

（村松章子、七九頁）

それに加えて前述のように、日本政府が一九四六年二月一日付けで公布した「勅令第六八号」で、重度戦傷者を除き軍人・軍属に対する恩給、遺族に対する公務扶助料を停止したので、戦死者遺族の生活は困窮を極めていた。それだけに全国戦没者追悼式での式辞や追悼の辞による戦死者顕彰は、遺族たちを喜ばせたにちがいない。

天皇の追悼式参加も遺族を感動させた。一九五二年五月二日の全国戦没者追悼式では天皇の「お言葉」に共感する遺族が多く、「参列者の席の後方からすすり泣きの声が起った。節くれだったこぶしでじっと眼をこする老人、歯をくいしばって動かぬ若者、両陛下が式場を去られた後も黒い喪服の未亡人たちはハンケチに面もつつんで立ちつくしていた」（『毎日新聞』一九五二年五月二日夕刊）。

原爆で妻子を失った長崎県遺族代表は「妻子三人を一瞬に失くした私はできれば遺族全部と一緒に陛下のお言葉を聞きたかった」と語った（『朝日新聞』一九五二年五月二日夕刊）。

一九六三年以後の全国戦没者追悼式を受け入れた戦死者遺族たち

一九六三年八月一五日に開催された全国戦没者追悼式に際して、東京の勝又カヨは戦死者遺族代表として追悼の辞を述べた。以下その全文を掲載する。

「在天の霊よ。わが父母よ。わが夫よ。わが妻よ。わが子よ。ほんとうによろこんで下さい。今日、ここ、日比谷公会堂に、天皇・皇后両陛下のお出ましをいただき、国の手による心からなる全国戦没者追悼式が行なわれているのです。

また全国民はこぞってあなたがたに感謝の祈りを捧げております。

在天の霊よ。南の遥かな島や海に、大陸の果てしない昿野の末に、或はすべてを焼き尽くす本土空襲のさなかに散華されたあなたがた。

戦終る日まで、幸にも身を完うされながら、戦後捕らわれの生活の間に、或は懐しの故国へ引揚の途上で、悲しくも命をおえられたあなたがた。

その健やかな日の面影はなんで私どもの瞼を離れましょう。

しかし、喜んで下さい。日本の今日の平和と繁栄は、あなたがたの尊い犠牲の上に築かれたものとして、国をあげて感謝と敬弔のまことをささげているのであります。私どもは、どんなにかこの日を待ちわびたことでしょう。これからも、私どもは悲しみに耐えながら、国民のひとりとして新しい日本の繁栄を築く営みを続けます。そうしてみなさまがたの尊い犠牲を無駄にいたしませんことを、ここにお誓いいたします。

在天の霊よ。わが父母よ。わが夫よ。わが妻よ。わが子よ。ほんとうによろこんで下さい。

そして安らかにお眠り下さい。

昭和三十八年八月十五日

戦没者遺族代表

勝又　カヨ　」

（『日本遺族通信』一九六三年九月一日）

彼女の夫は一九三八年に中国中部で戦死した。彼女は幼かった三人の子供を渋谷区役所に勤めながら育て上げてきた（『読売新聞』一九六三年八月一五日夕刊）。

彼女は追悼式に参列した感想を次のように述べた。

「夫が死んで二十五年になります。いま子供も成人しましたが、女手一つで育てたこれまでをふりかえってみますと、毎日苦労の連続でした。こんどのことは身に余る光栄で感激しています。主人もきっとよろこんで聞いてくれたことと思います。」（前掲『読売新聞』）

働きながら三人もの子供を育てた労苦があっただけに、全国戦没者追悼式で戦死した夫が顕彰されたことは大変な喜びだったのであろう。

やはり一九六三年八月一五日の全国戦没者追悼式に参加した長野県上伊那郡高遠町の戦争未亡人赤羽すみえたちは「夫がこれまで〝犬死に〟のような感をもたれていましたが、これでやっと〝犬死に〟でなかったことが認められて喜んでいます」と、悲しみの中に心の安らいだ表情をみせた（長野県遺族会、信毎書籍出版センター、二七六～二七七頁）。

遺族たちは敗戦を迎えて精神的にも経済的にも苦しんでいただけに、戦死者の顕彰によって「軍備の根底たる愛国心」の高揚を目指す全国戦没者追悼式のとりこになりやすかったのである。

一九六四年八月一五日の全国戦没者追悼式では、遺族代表として追悼の辞を述べた久礼信子も戦死者に向けて次のように言った。

「ごらんください。この式場には、ことしもまた、天皇皇后両陛下の御臨席の下に、あなたがたを慕い懐かしむものが、北の果てから、南の端から寄りつどっています。
全国民もまた、あなたのために心からの黙祷を捧げました。」

（『日本遺族通信』一九六四年九月一日）

前述のように、全国戦没者追悼式への天皇、皇后の参列が、戦前に戦死者を合祀する春と秋の臨時大祭へ天皇の「親拝」と同じく戦死者にとっての栄誉とされた。そして日本の民衆を侵略に動員して戦死させたアジア・太平洋戦争への批判を棚上げして国家の戦争責任の認定を避けた池田首相の式辞は、遺族によって全く問題視されないで終った。

一九六五年八月一五日の全国戦没者追悼式では、次男が特攻隊員として戦死した新井由松が遺族代表として追悼の辞を次のように述べた。

「きょうこの厳粛な式場にのぞみ、われわれ遺族は、その肉親が国民の一員として、その義務をつくすために国家の危急におもむいたということを、心ひそかに誇らかに思っています。われわれ遺族はこのことを心のささえとして生きてきました。この二十年間には、われわれのこの誇りを打ちくだこうとする多くのことがありましたが、きょう、この日を迎えて、もう一度はっきりいうことができます。『せがれよ。おまえの死はむだでなかった』。」（『読売新聞』一九六五年八月一六日）

彼は敗戦直後の犬死に論や、アジア・太平洋戦争侵略戦争論に直面して、息子の死が無意味な死でなかったかと、深刻に悩んだに違いない。しかし戦死者を顕彰する全国戦没者追悼式に参列して、息子の戦死が意味ある殉国死だという確信をもったに違いない。

一九六六年八月一五日の全国戦没者追悼式の遺族代表鈴木弘子は追悼の辞で戦死者に向けて次のように述べた。

「ごらんください。きょう、天皇皇后両陛下のお出ましを仰ぐこの式場に、あなたがたと血を分けた人たちが、日本の北の端から南の果てから、幾千人と寄りつどって参りました。全国民もまた、あなたがたに心からの黙祷を捧げました。私達遺族は感激に胸をふるわし、そして『あなたがたの死はけっして無駄ではなかった』とほこらかに叫ばずにはいられないのです。」

（『日本遺族通信』一九六六年九月一日）

夫が中国戦線で重病となり、帰国後死亡した鹿児島県の上村洋子は一九九八年八月一五日に全国戦死者追悼式に出席した際に「侵略戦争と言われると、身が切られる思いがする。夫はお国に命をささげたのだから」と語った（『朝日新聞』一九九八年八月一五日夕刊）。

全国戦没者追悼式は、これに天皇皇后が出席し、国家の代表者である首相が戦死者を殉国者として顕彰することによって、肉親の戦死が侵略戦争に動員された果ての無意味な死だったと認めるのに堪えられない心情をもつ遺族に、肉親の戦死が意味ある死だという確信を与えて、国家離れする可能性のある遺族を国家に回収することを通じて、民衆に国家に対する忠誠心を植えつけようとするものである。

遺族からの批判の登場

しかし全国戦没者追悼式に参加した遺族のすべてがそうした政府の政策に引き込まれたのではない。やがて遺族からの批判が登場した。

埼玉県の中山つるは、一九九〇年に発表した手記「戦後十七年目に届いた戦死公報」で次のように書いた。

「十七年遅れの夫の戦死公報を受けとってすぐに日本遺族会にも入会し、地域の役員もつとめさせていただきました。あの苦しい時期に遺族同士の励まし合いや遺族年金のことなど、日本遺族会には今も感謝しております。しかし、遺族だから靖国神社公式参拝の運動をしろとか、自民党を支持しろといわれるのは、本当に困りました。自民党が平和のために努力したり弱い者の本当の味方だとはとても思えなかったからです。とくに中曾根首相のころからひどくなり、会員全員に自民党の入党申込書が配られました（中曾根内閣に直接かかわっていたかどうかわかりませんが）。いくらなんでも、自分の心をいつわって入党できないと思い、勇気を出してことわりましたが……。

毎年八月十五日に東京の武道館で政府主催の『全国戦没者追悼式』が開かれています。私も何回か参列させていただきました。その都度、天皇の『御製（和歌）』を印刷した色紙が配られ、私も何枚も持っています。でも、私が本当にいただきたかったのは、そんなものでなく、『国民に迷惑をかけた。申しわけなかった』の一言なのです。」

（平和を願い戦争に反対する遺族の会（平和遺族会）、九七頁）

これは戦死者を顕彰する全国戦没者追悼式に迷わされずに天皇に謝罪を求めた例である。これは数少ない例だが、必ずしも孤立した発言でないことは、第七章第四節で示す。

戦死者に対する叙勲の遺族の受け入れと反発

伊達宗克の調査によると、叙勲を受け入れた遺族の受け止め方は次のようだった。

「戦地で散った夫が草葉の陰でさぞ喜んでいるでしょう。

犬死でなかった何よりの証拠と感謝している。

これでやっと息子の死が精神的に報いられる。

むしろ遅きに失した。」（伊達宗克、四二頁）

しかし叙勲を批判する遺族もいた。次のように勲章より遺族への経済的援助を求めたものがあった。

「遺族が勲章をつけて歩くわけにはいくまい。政府は叙勲することで遺族をごまかしているように思う。働き手を失って生活に困っている人も多い。」（伊達宗克、四三頁）

東京都に住む遺族の海老原幹雄は、叙勲を返上して次のように言った。

「召集された父を、仙台駅で見送ったとき、父はどんな気持ちだったか、私はあの時を忘れない。父は平和な家庭を奪われた一市民です。その時父は言った。『身体に気を付けてな。母さんに心配かけちゃダメだよ』と。叙勲は国のために功績を立てた人に与えられたもので、第二次世界大戦を国家の偉業と認めるわけにはいかない。平和を願う一市民として、叙勲は納得できない。」


（伊達宗克、四四頁）

新潟県を通じて一九七〇年度末までに遺族に渡された勲章等は五万九千四百八件だった。大部分の遺族はこれを受け取った。再び殉国の精神を復活・高揚させたい政府の側の心底が見えず、国家による顕彰で肉親が戦死した心の痛みを癒したかった遺族が多かったのであろう。

しかし同年度末までにこれを辞退する遺族が一八九人いた。その理由は次のようだった。

「イ　今更勲章をもらってもなんにもならない。
ロ　金がつかないならいらない。
ハ　同順位の者の同意が得られない。
ニ　戦没者のことを思い出したくない。
ホ　遺族が思想的の《ママ》考えから受領したがらない。」（新潟県民生部援護課、三〇八頁）

イは叙勲無意味と考えた人々であり、ホは反戦・平和の観点から叙勲を拒否した人々であろう。

遺族以外からの全国戦没者追悼式批判の出現

遺族以外からも全国戦没者追悼式批判が現われた。

一九六三年八月一五日付『毎日新聞』の「余禄」には、この式典を政府が民衆に無益な死を強いたことを謝罪する式典にせよ、それによってのみ平和への願いが強められるという見解が表明された。

長文だが、全文紹介する。

「きょうは終戦の日、東京では政府主催で、全国戦没者追悼式が行なわれる。厚生省が、遺族を対象に式典をやったことがあるが、国家の行事としてはこれがはじめてである（これは誤認である。一九五二年五月二日に開催された全国戦没者追悼式は政府主催で行われた。——引用者）。同じ敗戦国の西ドイツ、イタリアでも、すでに毎年実施されていることだし、いまさら平和に逆行するなどと反対するにはあたるまい▲ただ、どうしていままで実現できなかったかについては、考えてみる必要がある。ドイツも、イタリアも、敗戦を契機として、指導層が一変した。ごく一部の例外を除いては、戦争に手を貸した連中は一掃された。そういった人たちによっても戦没者の霊を慰めるのなら、これはすなおにうなずける▲だが日本の場合は、その点まことに不明確だ。〝一億総ザンゲ〟などというお題目で、責任の転嫁がはかられた。そして、指導者たちは、そのまま居すわったり、復活してきた。犠牲者を戦場にかり出したことに、たとえすこしでも責任のあったものが、追悼の音頭をとるのはおこがましい話だし、また、それでは、平和への祈念も怪しくなる▲十八年たった現在も、この状態はかならずしも変わってはいない。長い歳月といえども、免罪符にはなりえない。きびしくいえば、今の政府に追悼式を主催する資格があるかも疑わしい。だが三百万を越す戦争犠牲者の霊を、いつまでもほうっておくには忍びない。追悼式は是非やらねばならないが、同時に、政府は常にこの反省を忘れてはなるまい▲こう考えてくれば、追悼式の性格ははっきりしてくる。これは無益の死を強いられた人たちに対する謝罪の式典である。これらの死を無益といっては、遺族はやりきれまい。死者の霊も浮かばれまい。その気持ちは痛いほどよくわかる▲しかし、遺族には気の毒だが、これらの死が無益だったという事実を、きびしく見つめることによってのみ、平和への願いが強められる。大切な父や子を奪ったうえに、なお遺族の気持ちをそこなう。追悼式には、それほど、痛烈な意味のあることを知らねばならない。」

一九六三年八月二〇日付『朝日新聞』には「反省のなかった戦没者の追悼式」と題する一六歳の高校生小野正嗣の投書が掲載された。これには追悼式参加者が戦死者の顕彰のみを行って、反戦意識の欠けていることを批判して次のように記されていた。

「不思議に思ったのは戦没者に対してめい福を祈るとか、敬弔のまことをささげるというような言葉だけで、追悼する側の反省が述べられなかったことです。特にも驚いたのは遺族代表の言葉で、『国をあげてみなさまに感謝……』と述べていました。何か英雄のように錯覚しているようです。遺族の方には残酷な言い方ですが、結果的に、むだ死に過ぎなかったからこそ、犠牲者を深く追悼しなければならないのだと思います。

その日、学校でも校内放送で終戦記念日の話がありました。聞いているうちに『お国のために死んだ……』という言葉が出ました。これにはなんとなく割切れないものがありました。ぼくたちの年ごろのものは、だれも戦没者を英雄視してはいないのです。ぼくの考えはこうです。もっと努力して戦争を避けるべきだ。当時のおとなたちはもっと正しい判断と勇気を持って欲しかった。

おとなたちは、もっと反省して欲しい、というのがぼくたちの結論です。」

一九六五年八月二四日付『朝日新聞』に四八歳の医師中川晶輝の投書「戦没者を英雄視するな」が掲載された。これも戦死者を殉国者視することを批判したものだった。

「ことしも戦没者追悼式が盛大に行われた。このような行事を政府主催で行うことにも問題があるが、それよりもその追悼の辞のなかで『義勇公に奉じ、一身を祖国のためにささげた崇高な精神』とか『あなたの死はむだではなかった』という意味の発言がみられたことに危険なものを感じる。遺族が『この死はむだではなかった』と思いたい気持ちは十分理解できるが、問題の本質をごまかすことは許されない。

戦没者は被爆者同様『痛ましい戦争犠牲者』であって、決して『英雄』ではない。戦没者を英雄視する心情は、戦争そのものを肯定し、美化する危険につながる。」

この投書者は中年に達しているだけに、肉親の戦死を無意味な死と認定する遺族のつらさを察した上で肉親の戦死者を殉国者視することが戦争肯定に繋がることを指摘した。

二　靖国神社法制定の挫折から中曾根康弘首相の靖国神社公式参拝へ

1　靖国神社法案の出現とその制定の挫折

靖国神社国家護持運動の始まり

一九五三年三月に成立した日本遺族会は寄付行為第二条に同会の目的を次のように規定した。

「この会は戦没者の遺族の福祉の増進、慰謝救済の道を開くと共に、道義の昂揚、品性の涵養に努め、平和日本の建設に貢献することを目的とする。」(『日本遺族通信』一九五三年四月一日)

ところが、同年一〇月一七日に改定された寄付行為の第二条に、次のように会の目的の第一として「英霊の顕彰」が掲げられた。英霊とは天皇に忠誠を尽くして死んだ霊の尊称で、日露戦争後に一般化した名称である。

「この会は英霊の顕彰、戦没者の遺族の福祉の増進、慰謝救済の道を開くと共に、道義の昂揚、品性の涵養に努め、平和日本の建設に貢献することを目的とする。」

（『日本遺族通信』一九五三年一一月一日）

さらに一九五六年一月二五日に開催された日本遺族会第八回全国戦没者遺族大会は、靖国神社や地方に設立された護国神社を国又は地方公共団体で護持することを決議した。以後、日本遺族会は大会ごとに靖国神社の国家護持を決議した（田中伸尚、二〇〇二年、七一頁）。

この決議を受けて自民党の原健三郎議員と逢坂寛議員は、一九五六年三月一四日に「靖国神社法草案要綱」を発表した。その第一条では「靖国神社は、国事に殉じた人々を奉斎し、その遺徳を顕彰し、もって国民道義の高揚を図るとともに恒久の平和の実現に寄与することを目的とする」と、目的を掲げた。そして靖国神社には内閣総理大臣が任命する委員によって構成される管理委員会を置き（第十条、第十二条）、かつ国又は地方公共団体は靖国神社に対して補助金や貸付金を支出し財産の譲渡・貸付ができるとした（第二十八条）。第二条は「靖国神社は、宗教的教義を流布し、信者を募り、これを教化育成してはならない」と規定し、宗教的営みを禁じた（国立国会図書館調査立法考査局、一二〇～一二二頁）。

これにより靖国神社から宗教性をなくして、政教分離を規定した憲法第二〇条に違反しないようにしたのである。

社会党は一九五六年三月二二日に「靖国平和堂（仮称）に関する法律草案要綱」を発表した。名称を「靖国平和堂」としたのは、靖国神社の宗教性を払拭して憲法第二〇条に違反しないように配慮した結果であろう。靖国神社の国家護持の目的は次のようであって、やはり戦死者を殉国者と見なして顕彰することに目的を置いた。

「第一条　この法律は、殉国者の遺徳を顕彰し、これを永久に記念するため、靖国平和堂を設け、式典その他の行事を行い、もって殉国者に対する国民の感謝と尊敬の念をあらわすとともに恒久平和の実現に資することを目的とする。」

そして第三条第二項では「靖国平和堂は、国において管理するものとする」と規定された（国立国会図書館調査立法考査局、一一六頁）。

両案共に日本人戦死者は天皇制国家が推進した侵略戦争に動員された結果の死者であることを無視し、戦死者を殉国者として顕彰することを目的としていた。

その他に靖国神社や日本遺族会から法案の大綱が発表されたが、いずれもやはり戦死者を殉国者として顕彰することを目的としていた（国立国会図書館調査立法考査局、一二三〜一二五頁）。

靖国神社法案の国会提出とその挫折

自民党が靖国神社国家護持法案を本格的に作成し始めたのは、一九六〇年代に入ってからだった。

一九六三年六月、自民党遺家族議員協議会のなかに設けられた「靖国神社国家護持に関する小委員会」は、一九六七年三月から靖国神社法案の検討を開始した。同年七月に自民党政調内閣部会「靖国神社国家護持に関する小委員会」は遺家族議員協議会から「靖国神社法案」を引き継いで審議した。その後、紆余曲折があったが、一九六九年三月に根本龍太郎自民党政調会長のもとでまとめた「根本試案」が自民党案となった（戸村政博、野毛一起、土方美雄、八〇頁）。

自民党案は、第三四条で内閣総理大臣が靖国神社を監督すると規定した。

靖国神社の国家護持の目的は、第一条で次のように規定した。

「靖国神社は、戦没者及び国事に殉じた人々の英霊に対する国民の尊崇の念を表わすため、その遺徳をしのび、これを慰め、その事績をたたえる儀式行事等を行ない、もってその偉業を永遠に伝えることを目的とする。」（戸村政博、野毛一起、土方美雄、一〇五頁）

やはり日本人戦死者の殉国者としての顕彰が目的だった。

政教分離を規定した憲法第二〇条に反しないために、靖国神社を宗教団体でなくす規定が第二条と第五条に次のように置かれた。

「第二条　この法律において『靖国神社』という名称を用いたのは、靖国神社の創建の由来にかんがみその名称を踏襲したのであって、靖国神社を宗教団体とする趣旨のものと解釈してはならない。」

「第五条　靖国神社は、特定の教義をもち、信者の教化育成をする等、宗教活動をしてはならない。」（戸村政博、野毛一起、土方美雄、一〇五頁）

しかし、靖国神社から宗教的性格をなくそうと、アジア・太平洋戦争日本人戦死者を殉国者として顕彰することは、全国戦没者追悼式がアジア・太平洋戦争日本人戦死者を殉国者として顕彰するのと同じく問題をはらんでいる。

歴史を遡れば、戦前、文部省が靖国神社は宗教でなく、天皇制国家の国家儀礼であるとして上智大学に靖国神社参拝を認めさせた上智大学事件がある。

一九三二年五月五日に靖国神社の遊就館見学に行った上智大学学生のうちカトリック信者の学生三名が靖国神社に参拝しなかったために、陸軍省は上智大学から配属将校を引き揚げ、同大学は陸軍省と右翼の激しい攻撃にさらされた。この時、文部省は神社に対する「学生生徒の団体が要求せらる敬礼は愛国心と忠誠心とを現わすものに外ならず」と言い、上智大学学長も神社参拝は「国民の公的生活に於ける皇道の表現たる所以にして国民の私的生活に於ける宗教的信仰とは全然別個の立場」と解釈して、決着をつけた。つまり神道は天皇制国家の国家的儀礼であって、宗教ではないと解釈して決着をつけて、上智大学も靖国神社参拝を認めさせられたのである（リンダ・グローブ、三四三〜三五九頁）。

靖国神社から宗教的性格をなくそうとも、問題の解決にはならない可能性がここに示されている。

この靖国神社法案は一九六九年六月から一九七四年まで五回提出されたが、いずれも廃案になった。一九七四年四月一二日には、自民党は内閣委員会で五回目の法案の強行採決を行い、さらに五月二五日には衆議院本会議でも強行採決を行ったが、世論の激烈な反撃を受けて参議院通過は見送られて、靖国神社法の制定は断念された（戸村政博、野毛一起、土方美雄、一〇〇～一〇一頁）。

一九七五年二月三日に自民党の藤尾政行議員が「表敬法案」と呼ばれる案を発表した。これは靖国神社の国家護持を実現する前提として、①天皇及び国家機関員等の公式参拝、②外国使節の公式表敬、③自衛隊儀杖兵の参列参拝などの実現を図るものだった。しかしこの法案は国会提出には至らなかった（田中伸尚、二〇〇二年、一四〇～一四二頁）。

2 「靖国神社公式参拝実現のための一千万署名運動」から中曾根康弘首相の靖国神社公式参拝へ

英霊にこたえる会の成立と「靖国神社公式参拝実現のための一千万署名運動」の開始

一九七六年六月二二日に有志千四百人が集まって九段会館で「英霊にこたえる会」の結成総会が開催された。この会には日本遺族会を中心にして日本遺族会青年部、同婦人部、全国戦友会連合会、白鳳遺族会、日本相撲協会等、四五団体が参加した（『日本遺族通信』一九七六年七月一五日）。

会則によれば、この会の事業として挙げられたのは、次の六つであった。

「一、英霊顕彰に関する啓蒙宣伝活動
二、靖国神社等における戦没者の慰霊顕彰行事
三、靖国神社等における公式参拝の実現
四、戦没者遺骨収集の完遂
五、戦没者慰霊の日の制定
六、その他本会の目的達成のため必要な事業」（前掲『日本遺族通信』）

事務局長に就任した板垣正は、この運動展開の理由として、①「従来の如く靖国神社法成立一本槍の国会運動は転機を迎えたと判断されたこと」、②「靖国問題に対する理解と支持が世論として形成されず（中略）根本的に検討を要すると考えられたこと」、③「従来の如く自民党に依存し、政治の場における解決を中心にした運動を思い切って転換し、幅広い、あらゆる国民層を巻込んだ英霊顕彰を中心とする国民運動を展開すること」の三点を挙げた（前掲『日本遺族通信』）。

これらのうち実際に展開した運動は、天皇や内閣総理大臣の靖国神社公式参拝の実現を目指した「靖国神社公式参拝実現のための一千万署名運動」であった。この運動は一九七七年一〇月一七日から一九日にかけて開催された靖国神社秋季大祭の際に同神社境内で開始された（『日本遺族通信』一九七六年一一月一五日）。

日本遺族会は推進力になって府県にこの運動の支部を結成し、一九七八年一月までに二四府県に組

織が作られた（『日本遺族通信』一九七八年二月一五日）。

靖国神社公式参拝の署名は一九七八年四月に四四四万余名分が集まり、さらに同年八月には百一七万五千三百七十六名分が集まり、それらは総理府長官に手渡された（『日本遺族通信』一九七八年四月一五日、および同年九月一五日）。

この運動は自民党を刺激し、一九七八年三月二四日に自民党有志議員を中心にして「英霊にこたえる議員協議会」が組織された（『日本遺族通信』一九七八年四月一五日）。

一九八一年五月二六日には自民党の内閣部会に靖国神社問題小委員会が設立された。この小委員会は前年六月に行われた衆参同時選挙に際して自民党が公約した靖国神社の国家護持および公式参拝の実現を検討するために設置された正式機関だった（『日本遺族通信』一九八一年六月一五日）。

「戦没者を追悼し平和を祈念する日」の制定

自民党の政調内閣部会と靖国神社問題小委員会は、一九八一年七月一六日に合同会議を開き、①首相や閣僚の靖国神社への公式参拝を実現する、②八月一五日を「戦没者追悼の日」として閣議決定する、の二点を政府に要請することを決めた（『朝日新聞』一九八一年七月一七日）。

次いで七月二八日、自民党の総務会は靖国神社への首相・閣僚の公式参拝と、八月一五日を「戦没者追悼の日」（仮称）とすることを党議決定し、その扱いを桜内幹事長ら党四役に一任した（『朝日新聞』一九八一年七月二九日）。

七月二九日、鈴木善幸首相は翌年から八月一五日を「戦没者追悼の日」と閣議決定する意向を固めた（『朝日新聞』一九八一年七月三〇日）。そして彼は三〇日に桜内幹事長ら党四役に会い、「戦没者追悼の日」について「その意義、時期、行事内容を五～七人の有識者で審議し、前向きに検討してもらいたい」と述べ、首相・閣僚の公式参拝は憲法上疑義があるので、この問題は当分棚上げする意向を示した。桜内幹事長らもこれを了承した（『朝日新聞』一九八一年八月一日）。

自民党側は政府が八月一五日を「戦没者追悼の日」と閣議決定する意向を固めたことに関して「靖国神社公式参拝へ外堀は埋まった」と評価する声さえ上がった（『朝日新聞』一九八一年七月三〇日）。八月二一日に「戦没者追悼の日」のあり方を考える有識者懇談会のメンバーは、高辻正巳国家公安委員、中山賀博元駐仏大使、石川忠雄慶応義塾大学塾長、諸井虔秩父セメント社長、作家曽野綾子、評論家江藤淳、経済評論家高原須美子に決定された（『朝日新聞』一九八一年八月二二日）。座長に石川が就任した（『朝日新聞』一九八一年九月二六日）。

一九八二年三月二五日、懇談会は報告書を田辺総務長官に提出した。報告書は、今年から「戦没者を追悼し平和を祈念する日」を制定する、その日は八月一五日とする、制定は閣議決定で行う、というものだった（『日本遺族通信』一九八二年四月一五日）。その趣旨とするところは、次のようだった。

「先の大戦においては、多くの同胞の尊い生命が失われた。軍人、軍属はもとより、一般民間人の方々を含めると、その総数はおよそ三百十万人に達する。国家・社会のために生命をささげられたこれらの同胞を追悼することは、宗教、宗派、民族、国家の別などを超えた人間自然の普遍的な情感であり、その発露としての追悼の行事を行なうことは、諸外国において幾多の例を見るところである。この自然な情感をできる限り大切にしていくことが人間として最も基本的な営みであることは、言うまでもない。

また、大戦の犠牲者を追悼することは、単にそれのみにとどまらず、将来に向って平和を願うことにほかならない。」（前掲『日本遺族通信』）

この報告書は、これまで行われてきた全国戦没者追悼式の際の首相たちの式辞と同じく、日本人戦死者を「国家・社会のために生命をささげられたこれらの同胞」と意味づけ、彼らが天皇制国家が行った侵略戦争に動員されてアジア民衆に被害を与え、その挙句に無意味な死を遂げざるを得なかった存在とは見ていない。このことに対する日本の国家の戦争責任を問うことなくしては、今後平和を確保しようとする真の決意は生まれない。

靖国神社問題小委員会は、三月二六日の会合で「戦没者を追悼し平和を祈念する日」の答申を了承し、「今後は靖国神社公式参拝の環境づくりのため、一層努力する方針を確認した。」（『朝日新聞』一九八二年三月二六日夕刊）

政府は四月一三日にこれを閣議決定した。これまでは八月一五日の全国戦没者追悼式は年ごとに閣議決定をしたが、この決定により毎年の閣議決定をせずに追悼式を行うことになった（『毎日新聞』

一九八二年四月一三日夕刊)。

八月一五日は、「平和を祈念する日」という美しい名の下に日本人戦死者を殉国者として顕彰することによって「軍備の根底たる愛国心」の高揚がさらに強化される日となった。

首相たちの八月一五日靖国神社なしくずし的公式参拝の開始

一九七五年八月一五日に三木武夫首相が私人として靖国神社に参拝した。これがなしくずし公式参拝の始まりだった。

それ以前にも、吉田茂、岸信介、池田勇人、佐藤栄作、田中角栄などの首相たちは靖国神社に参拝したが、八月一五日に参拝した首相はいなかった(田中伸尚、二〇〇二年、一一三頁「表2　内閣総理大臣の宗教法人靖国神社参拝」)。

一九七五年八月一五日付『毎日新聞』によると、次のような経過で三木首相の参拝が決定されたという。

「今回の首相の靖国参拝は靖国神社の国家護持を旨とする靖国神社法案の成立を迫る自民党のタカ派の強い要請で実現の運びになった。首相はあくまで『私人』を主張したが、『首相として参拝せよ』とのタカ派強硬論に押され、党内対策を考慮して『それでは自民党総裁として』と妥協したといわれる。

しかし十四日夕発表予定の同計画が事前にもれ、世論のきびしい批判を受けたため、十四日政府・自民党で再び調整、首相の希望を入れて『私人』としての参拝に落ち着いた。」

同年八月一五日付『朝日新聞』によると、「中曾根幹事長は十四日夜、『党総裁として参拝して欲しい』と説得したが、首相は臨時国会を控え野党を刺激したくない、との考えが強く、〝私人〟として参拝することに落ち着いた」という。いずれにしても、三木首相の靖国神社参拝は中曾根たち自民党のタカ派に押されて行われたようである。

一九七八年八月一五日、福田赳夫首相は全国戦没者追悼式への出席に先立って靖国神社に参拝した（『毎日新聞』一九七八年八月一五日夕刊）。彼は私人の資格で参拝したと言ったが、参拝の際の記帳には「内閣総理大臣福田赳夫」と記した。しかも彼は首相専用車で靖国神社に行った。この日に参拝した安倍官房長官、中川農林水産相、稲村総理府総務長官は、それぞれの官職を記帳に記した（『朝日新聞』一九七八年八月一六日）。

一九八〇年八月一五日、鈴木善幸首相は全国戦没者追悼式に出席した後、昼過ぎに靖国神社に参拝した。その他の閣僚も一四日から一五日にかけて参拝した。いずれも資格は「私人」だと強調した（『朝日新聞』一九八〇年八月一五日夕刊）。

翌年一九八一年八月一五日、鈴木首相は全国戦没者追悼式に出席した後、公用車で靖国神社に向かい、参拝した。彼は参拝に当たって「内閣総理大臣鈴木善幸」と記帳した。ただし玉ぐし料は私費で負担し、私人としての立場を示した（『毎日新聞』一九八一年八月一五日夕刊）。

翌々年一九八二年八月一五日にも靖国神社に参拝した鈴木首相は、玉ぐし料は私費で負担したが、「公人としての参拝か、私人としての参拝か」との記者団の質問には答えなかった（『朝日新聞』一九八二年八月一六日夕刊）。

靖国神社の春季例大祭中の一九八三年四月二一日に中曾根康弘首相が靖国神社に参拝した。「公人としての参拝か、私人としての参拝か」という記者団の質問に対して彼は「内閣総理大臣たる中曾根康弘が靖国神社の英霊に感謝の参拝をした」と言った。しかしこの日、後藤田官房長官は「中曾根康弘が総理大臣であることは間違いなく、総理大臣として参拝したというのと開きがあり、公人・私人の区別をしないという前内閣と変りはない」と述べた（『朝日新聞』一九八三年四月二一日夕刊）。

中曾根はその後も左記の日に連続して靖国神社に参拝した。参拝の資格に関する記者団の質問に対してはいつも同様に「内閣総理大臣たる中曾根康弘としてだ」といった答え方をし(1)、公式参拝の色彩をにじませながら、公式参拝とは明言しなかった。これは公式参拝のための準備だったと思われる。

一九八三年　八月一五日、一〇月一八日（秋季例大祭）
一九八四年　一月　五日、四月二一日（春季例大祭）、八月一五日、一〇月一八日（秋季例大祭）
一九八五年　一月二一日、四月二二日（春季例大祭）

中曾根康弘首相の靖国神社公式参拝

一九八五年八月一五日、中曾根首相はついに公式参拝であることを宣言して靖国神社に参拝した。その前日、藤波孝生官房長官は、これについて次のような談話を発表した。

「八月十五日は、『戦没者を追悼し平和を祈念する日』であり、戦後四十年に当る記念すべき日である。この日、内閣総理大臣は靖国神社に内閣総理大臣としての資格で参拝を行う。

これは、国民や遺族の方々が、靖国神社を我が国の戦没者追悼の中心的施設であるとし、同神社において公式参拝が実施されることを強く望んでいるという事情を踏まえたものであり、その目的は、あくまでも、祖国や同胞等を守るために尊い一命を捧げられた戦没者の追悼を行うことにあり、それはまたあわせて我が国と世界の平和への決意を新たにすることでもある。

靖国神社公式参拝については、憲法のいわゆる政教分離原則の規定との関係が問題とされようが、その点については、政府としても強く留意しているところであり、この公式参拝が宗教的意義を有しないものであることをその方式の面で客観的に明らかにしつつ靖国神社を援助、助長する等の結果とならないように充分配慮するつもりである。（下略）」

（国立国会図書館調査及び立法考査局、五七三頁）

しかし中曾根の靖国神社公式参拝は、一九八〇年一一月一七日に鈴木内閣が、国務大臣の靖国神社参拝は「政府としては違憲とも合憲とも断定していないが、このような参拝が違憲ではないかとの疑いをなお否定しきれないということである」とした政府統一見解（国立国会図書館調査及び立法考査局、五七〇頁）を変更するものであった。藤波官房長官談話もまた「従来の政府統一見解を変更するものである」と認めざるを得なかった（国立国会図書館調査及び立法考査局編、五七三頁）。

しかも、この談話は日本人戦死者を「祖国や同胞等を守るために尊い一命を捧げられた」と規定した点に問題がある。日本人戦死者は侵略戦争であるアジア・太平洋戦争に動員されて無意味な戦死をした悲劇的存在であって、殉国者ではない。こうした悲劇的な死に眼を背けた中曾根の公式参拝が「我が国と世界の平和への決意を新たにする」ものだと言うのは、全く空しい発言である。

中曾根はこの日の午後二時に靖国神社を訪れ、「内閣総理大臣中曾根康弘」の名入りの生花がすでに供えられた本殿に登って深く一礼し、「内閣総理大臣中曾根康弘」と記帳した。ただし、おはらいや玉ぐし奉呈、二礼二柏手一礼などの神社流の儀式は避けて行わず、一礼するに止め、玉ぐし奉呈にかえて供花の代金を公金で支出する形式をとった（『朝日新聞』一九八五年八月一五日夕刊）。

藤波官房長官は前記の談話で、「『閣僚の靖国神社参拝問題に関する懇談会』の報告書を参考として検討した結果、今回のような方式ならば、公式参拝を行っても、社会通念上、憲法が禁止する宗教的活動に該当しないと判断した」と言ったことの表れだった。（国立国会図書館調査及び立法考査局編、五七三頁）。

この日には、海外出張中の閣僚二人を除き、中曾根を含む閣僚一九人が参拝した（『朝日新聞』

一九八五年八月一六日）。

中曾根の参拝に際しては靖国神社にいた群衆は「ばんざい」と拍手し、「中曾根さんありがとう」と叫んだ。「片隅では『公式参拝反対』の小さな声も上がった。警官が声の方へ駆けつけたが、反対の声は、大きな拍手の中にすぐのみこまれた」（『毎日新聞』一九八五年八月一六日）。日本遺族会はこの日に「本会は、総理の決断に深く敬意と感謝の意を表します」と、「統一見解」を発表した（『日本遺族通信』一九八五年八月二五日）。

「閣僚の靖国神社公式参拝問題に関する懇談会」が設立された経過と同懇談会の見解は次のようであった。すなわち、中曾根は一九八三年七月二〇日に靖国神社公式参拝合憲論の根拠付けをするように自民党に指示した（『朝日新聞』一九八三年七月二一日）。自民党政務調査会靖国神社問題小委員会の委員長奥野誠亮は、同年一一月二四日に首相や閣僚の靖国神社公式参拝を合憲とする同小委員会の見解を自民党政策審議会に報告し、諒承された（『朝日新聞』一九八三年一一月二五日）。一九八四年四月一三日に自民党総務会は靖国神社問題に関する小委員会の見解を自民党の正式の見解と決めた（『朝日新聞』一九八四年四月一三日夕刊）。そしてさらに一九八四年八月三日に藤波官房長官の私的諮問機関としての「閣僚の靖国神社公式参拝問題に関する懇談会」（座長・林敬三日赤社長、座長代理・元内閣法制局長官林修三、他一三名の委員構成）の初会合が開かれ、同懇談会は一九八五年八月九日に藤波官房長官に「閣僚の靖国神社参拝問題に関する懇談会報告書」を提出した。

この報告書は次のことを大前提とした。

「祖国や父母、妻子、同胞等を守るために一命を捧げた戦没者の追悼を行うことは、祖国や世界の平和を祈念し、また、肉親を失った遺族を慰めることでもあり、宗教・宗派、民族・国家の別などを超えた人間自然の普遍的な情感である。このような追悼を、国民の要望に即し、国及びその機関が国民を代表する立場で行うことも当然であり、……」

（戸村政博、野毛一起、土方美雄、一八一～一八二頁）

この報告書は、日本政府が全国戦没者追悼式で行ってきたことは、戦死者の追悼ではなく、「軍備の根底たる愛国心」の復活・高揚を目指した戦死者の顕彰だという現実を無視したものだと言わざるを得ない。

そして報告書の結論は次のようだった。

「政府は、この際、大方の国民感情や遺族の心情をくみ、政教分離原則に関する憲法の規定に反することなく、また、国民の多数により支持され、受け入れられる何らかの形で、内閣総理大臣その他国務大臣の靖国神社への公式参拝を実施する方途を検討するべきであると考える。」（戸村政博、野毛一起、土方美雄、一八四頁）

要するに、公式参拝の目的が戦死者の追悼ではなく、戦死者の顕彰によって「軍備の根底たる愛国心」の復活・高揚であるという現実には眼を向けず、政教分離原則に反しないように内閣総理大臣その他国務大臣の靖国神社への公式参拝をうまく実現せよと言っているに過ぎない。

中曾根康弘の思想

中曾根は早くから靖国神社の国家護持を主張していた。彼は拓殖大学総長をしていた一九六八年五月二八日、同大学の茗荷谷ホールで行った「時局と大学生」と題する講演で靖国神社問題に言及し、「神道としての宗教から離脱するにはこうした方がよいという法律でわくをつくり、国家護持にしたらいいと思う。国のために殉じた、われわれの共同の尊敬すべき、またわれわれが感謝すべき人たちを祭って霊を慰め、お祭りする、そういう民族的霊場として靖国神社を復活したらよいと思う」と述べた（『朝日新聞』一九八五年八月一日）。

彼が靖国神社国家護持を主張する理由は、実は「われわれが感謝すべき人たちを祭って霊を慰め」るという過去の処理のためではなかった。一九八五年七月二七日、第五回自民党軽井沢セミナーで彼は無条件で国家に生命を捧げる忠誠心を民衆に植え付ける施設として靖国神社の存立の必要性を次のように述べた。

「米国にはアーリントンがある。ソ連に行っても、外国に行っても無名戦士の墓とか、国のために倒れた人に対し国民が感謝を捧げる場所がある。当然のことである。さもなくして、誰が国に命を捧げるか。

そういうことも考えて、しかも憲法上の政教分離の違反にならないように、言い換えれば、政教分離、宗教と政治の分離の問題にさわらないように注意しながら解決していかねばならないと思っている。」（中曾根康弘、一九八五年一二月二七日、二二頁）

中曾根首相と各大臣の靖国神社公式参拝に対する民衆の受け止め方

靖国神社公式参拝に対する民衆の受け止め方は、表3－Aに示されている。すなわち、公式参拝を「当然だ」と見なす者は三〇・六％、「多少無理があったが、まあよかった」と見なす者が三〇・九％だった。つまり中曾根首相と各大臣の靖国神社への公式参拝を肯定する者は、六一・五％、過半数をはるかに超えた。「無理があって、感心できない」、または「反対」の意見を持つ者はそれぞれ一〇％台程度に止まる。

中曾根の公式参拝を肯定する理由は、表3－Bによると、「戦没者をいたむ気持ちは率直に表現してよい」、または「国のために命をささげた人の霊を慰めるのは、国の義務だ」といった考え方にある。表3－C－1および表3－C－2によると、公式参拝を「当然」または「まあ良かった」と考えるのは男女を共に四〇歳代以上に多い。

残念ながら民衆の多くは、中曾根の行動を戦死者に対する追悼と見なし、実はアジア・太平洋戦争戦死者を顕彰することによって、戦時に際しての殉国精神を保持・高揚させようとする中曾根の意図に気がつかないのである。民衆のこうした思想状況は、二〇〇一年四月に首相に就任した小泉純一郎

表３－Ａ　中曾根首相・各大臣の靖国神社参拝に対する諸見解

見　　解	比　率
1. 当然だ	30.6%
2. 多少無理があったが、まあよかった	30.9%
3. 無理があって、感心できない	18.2%
4. 反対だ	10.1%
5. わからない、無回答	10.3%

表３－Ｂ　上記見解の理由の一つ

理　　由	比　率
1. 戦没者をいたむ気持ちは率直に表現してよい	33.9%
2. 国のために命をささげた人の霊を慰めるのは、国の義務だ	29.9%
3. 国が特定の宗教に関るのは憲法違反だ	10.7%
4. 戦争の賛美や軍国主義の復活につながる	12.7%
5. その他	1.3%
6. 無回答	11.5%

がその任期中に毎年靖国神社参拝する事態をも許容することになる。

しかし、中曾根に対する鋭い批判がなかったわけではない。大学教員の水戸巌は中曾根の公式参拝を再び戦争の際の死者を作り出そうとするものと見て、次のように批判した。

「靖国公式参拝を望ましいとする前提の上で『さもなくば、誰が国に命をささげるか』との自民党セミナーの中曾根首相の発言は、靖国公式参拝の本質が、若者たちに『国の為に命をささげよ』という運動であることを暴露した。それは戦争の中での死を意味する以外の何ものでもなく、戦争放棄の憲法を遵守する義務をもつ首相の発言としては、甚だ穏当を欠く。」

表３－Ｃ－１　中曾根首相・各大臣の靖国神社参拝に対する女性の年齢別見解

見　解	20代	30代	40代	50代	60代以上
当然	21%	18%	26%	37%	56%
まあ良かった	34%	36%	37%	28%	24%
感心できない	21%	22%	17%	15%	6%
反対	8%	12%	7%	7%	6%

表３－Ｃ－２　中曾根首相・各大臣の靖国神社参拝に対する男性の年齢別見解

見　解	20代	30代	40代	50代	60代以上
当然	16%	16%	27%	33%	49%
まあ良かった	27%	28%	33%	31%	29%
感心できない	23%	32%	22%	13%	29%
反対	19%	19%	12%	10%	4%

調査方法：1985年９月21日、22日に全国の20歳以上の1,800人に個人面接した。調査有効数は1,322人（有効率73.4％）

出　　典：梅沢利彦、河野啓「“『強い内閣』への共感”の兆候か――『85・９くらしと政治』調査から」（ＮＨＫ放送文化研究所『放送研究と調査』1985年11月、第35巻第11号、３頁、66頁）

彼は民衆の中に自民党支持者が多いことを憂慮し、自民党に対する「このような『寛容』な態度はもう終わりにしなければなるまい。若者たちが『国の為に命をささげる』ことが強制される日がきてしまってからでは手遅れである」と述べた（「『靖国発言』に寛容すぎぬか」、『朝日新聞』一九八五年八月四日投書欄）。

団体役員の渡辺峰は、次のような問題の指摘をした。

「靖国を公式にすることによって美化され、新しい犠牲を要求しようとしている『国家』は決して、年老いた両親、愛する子供、その他弱い人々を守るものではありません。このことは沖縄戦のことを考えれば明らかです。」（「怒りを禁じ得ぬ靖国神社公式参拝」、『朝日新

聞』一九八五年八月一七日投書欄）

つまり、渡辺は戦死者を美化し、戦争を肯定する国は、平時においても弱者を切り捨てることを指摘したのであった。

〔注〕

（1）一九八三年八月一五日、一〇月一八日、一九八四年一月五日、四月二一日、八月一五日、一〇月一八日、一九八五年一月二一日、四月二二日の際の中曾根の靖国神社参拝が「公式か私人としての参拝か」という新聞記者に対する中曾根の回答は、左記のようだった。

一九八三年八月一五日「内閣総理大臣たる中曾根康弘としてだ」（『朝日新聞』一九八三年八月一五日夕刊）。

一九八三年一〇月一八日「内閣総理大臣たる中曾根康弘が英霊をお慰めした」（『朝日新聞』一九八三年一〇月一八日夕刊）

一九八四年一月五日「記帳には総理大臣中曾根康弘、と書いてきた。内閣総理大臣たる中曾根康弘だ」（『朝日新聞』一九八四年一月五日夕刊）。

一九八四年四月二一日「内閣総理大臣たる中曾根康弘が靖国の英霊をお慰めし、感謝するために参拝した」（『朝日新聞』一九八四年四月二一日夕刊）。

一九八四年八月一五日「内閣総理大臣たる中曾根康弘として」（『朝日新聞』一九八四年八月一五日夕刊）。

一九八四年一〇月一八日「内閣総理大臣たる中曾根康弘が靖国の英霊をお慰めし、感謝するために参拝した」（『朝日新聞』一九八四年一〇月一八日夕刊）。

一九八五年一月二一日「内閣総理大臣たる中曾根康弘」（『朝日新聞』一九八五年一月二一日）

一九八五年四月二二日「内閣総理大臣たる中曾根康弘」（『朝日新聞』一九八五年四月二二日夕刊）

3　中国からの批判による中曾根首相の靖国神社参拝の中止とダブルスタンダードの発生

中国からの批判による中曾根首相の靖国神社参拝の中止

一九八五年八月一五日の中曾根の靖国神社公式参拝に対しては、韓国、朝鮮民主主義人民共和国、東南アジア諸国、ソ連などから批判が噴出したが、中国からの批判が特に激烈だった。

中国外務省スポークスマンは、既に八月一四日午後、靖国神社には一九七八年に「東条英機ら戦犯が合祀されている」と指摘し、中曾根の靖国神社公式参拝は「日本軍国主義により被害を受けた中日両国人民を含むアジア各国人民の感情を傷つけよう」と述べた（『朝日新聞』一九八五年八月一五日）。

中国側は靖国神社に一九七八年に東条英機らA級戦犯が合祀されていることを重視した。姚依林中国副首相は、八月二七日に訪中した日本社会党代表団との会談に先立って行われた日本人記者団との会見で、ＢＣ級戦犯を含む戦犯すべてではなく、靖国神社へのA級戦犯合祀を重視して、次のように述べた。

「日本の首相がA級戦犯もまつった靖国神社に公式参拝をしたことは、四十数年前に日本軍国主義によって起された侵略戦争で、大きな損害を受けた中日両国人民を含むアジア各国人民の感情を傷つけるものだ、このことはわれわれを始めアジア人民の注目と警戒心を呼び起こさないわけにはい

かない。」(『朝日新聞』一九八五年八月二七日夕刊)

つまり、中国政府はA級戦犯と日本の人民を分けて、前者は侵略戦争を起した元兇、後者はA級戦犯による被害者と考えて問題を提起したのであった。

「満州事変」の発端となった柳条湖事変五四周年にあたる九月一八日に、北京大学と清華大学の学生約千人が北京の天安門広場に集まり、「中曾根内閣打倒」、「日本軍国主義打倒」などと叫んでデモを行った(『朝日新聞』一九八五年九月一九日)。

一九八五年一〇月一九日、藤波官房長官は記者会見で、一〇月一七日から一九日まで開催される靖国神社秋季例大祭への中曾根の公式参拝を見送ることを発表した(『朝日新聞』一九八五年一〇月一九日夕刊)。

さらに一九八六年八月一四日夕刻、後藤田正晴官房長官は翌日の中曾根の靖国神社公式参拝の見送りを発表した。後藤田はその理由として「国際関係を重視し、近隣諸国の国民感情にも適切に配慮しなければならない」と説明した。しかし「今回の措置が、公式参拝自体を否定ないし廃止しようとするものでないことは当然である」と付言した(霞山会創立六十周年記念出版編集委員会、二八五頁)。

後藤田は後年の回想でも、靖国神社公式参拝に対する「中国などからの反対については外交上の配慮が必要だった。首相とも相談し、外交的配慮を欠いては、アジア外交が進まないということで、次回は公式参拝は取り消そうということになった」と語った(横山宏章、四二頁)。

中曾根は一九八六年八月一五日の靖国神社公式参拝を止めた理由を次のように回顧している。「靖国神社参拝の後、九月、一〇月になってから、中国内部で、私と非常に親しい、親日派の胡耀邦（中国共産党総書記——引用者注）の立場が危なくなってきたという情報を聞いた。それで今後の日中関係を支える胡耀邦との関係が大事に思い、一回公式参拝をやると言うことが大事なんで、これで仕事は済んだというのが正直な感想だった。」（中曾根康弘、二〇一二、四〇九頁）

中曾根に言わせると、胡耀邦は親日家で、中曾根は一九八三年一一月に来日した胡と会談して意気投合したという（中曾根康弘、二〇一二、三四九〜三五〇頁）。つまり中曾根が靖国神社公式参拝を続ければ、胡が失脚して日中関係が悪くなることを危惧して靖国神社公式参拝の続行を断念したというのである。

結局、中曾根の靖国神社公式参拝の取り止めは、外交上の配慮によるものであって、アジア・太平洋戦争の日本人戦死者を殉国者視する考えはいささかも変えなかったのである。

中曾根首相のダブルスタンダード
——外向きには日本の侵略戦争の認定、内向きには日本人戦死者の顕彰——

中曾根は中国から以上のような批判を受ける以前は、日本のアジア侵略を率直に認めていなかった。一九八五年七月二七日の第五回自民党軽井沢セミナーでの講演では、東京裁判に言及して「歴史がこの裁判については終局的な判定をするだろう。また、われわれも裁かれるようなこともなくはなかった。しかし、ああいう裁判のやり方が、具体的裁判として正しかったかどうかというのは、歴史が判定する。しかし、そのときに出てきた思想は、日本は何でも悪いんだ、そのようなことで、ややもすると、自虐的思潮がおおってきた。今も残っている」と言った（中曾根康弘、一九八五年一一月二七日、二三頁）。

ところが、彼は中国から批判を受けた以後、アジア・太平洋戦争が侵略戦争だったことを率直に認める発言をした。一九八五年一〇月二九日に開催された衆議院予算委員会で中曾根は「私はいわゆる太平洋戦争、大東亜戦争とも言っておりますが、これはやるべからざる戦争である、そういうことを申しております。また中国に対して侵略の事実もあったということを申しております」と言った。

翌一九八六年九月三日に東京都港区虎ノ門の共同通信会館で開催された共同通信加盟社編集局長会議で講演した際にも、靖国神社公式参拝問題に触れて「A級戦犯合祀は侵略された相手側の国民感情を刺激する。私はあの戦争は侵略戦争だったと思っている」と言った。

また、参加者の一人が「A級戦犯を別のところに移すという話もある。そんなことをすれば首相の言う民族主義の基盤が崩れると思うが」と質問したのに対して、中曾根は「靖国神社に一番参拝したいのは私だ。公式参拝は違憲ではないという去年の官房長官談話は今も生きていて抹殺してはいけない」と言いながらも、「いわゆるA級戦犯の合祀問題は、相手の国にしてみれば、自分の国が侵略された大きな戦争に責任をもつ指導者が祀られているところへ総理大臣が公式参拝するのは、それらの人たちをほめたたえることになり、国民感情を刺激する。やはり我々はアジアの国だから大戦については反省し教訓をもたなければならない」と言った。

これに対して、「首相は、『侵略』という考えをもっていないと認識していたが」と問われると、中曾根は「私は侵略したと思っている。いろいろ議論があるだろうが、歴史の流れから考えるとやはり侵略行為で、反省しなければならない」と答えた（『毎日新聞』一九八六年九月四日）。

しかし、前述のように、中曾根は「靖国神社に一番参拝したいのは私だ」と言い、また彼は一九八三年八月一五日に開催された全国戦没者追悼式の際の式辞で日本人戦死者について「祖国の危難に殉じられた戦没同胞の尊い犠牲」と言い、またその後一九八四年、一九八五年、一九八六年の八月一五日に開催された全国戦没者追悼式の際の式辞でも「祖国の危難に殉じられた戦没者の方々」と繰り返して言った（いずれも厚生労働省所蔵文書）。つまり、彼は外交上の配慮から中国に対する日本の侵略を認めながら、他方で国内向けには、日本人民衆の対国家忠誠心を確保するために日本人戦死者を殉国者として意味づける態度を変えなかった。

彼は一九八四年五月一九日の衆議院内閣委員会でアジア・太平洋戦争を侵略戦争と見るのかどうか、また特攻隊員として戦死した青年学徒をどう見るのかという市川雄一委員の質問に答えて、次のようにこのダブルスタンダード論を開陳した。

「あの大東亜戦争というものがどういう戦争であったか。本当に日本を防衛するための戦争であったか。聖戦とか良く言われましたけれども、しかし、政治とか大きな国策という上層部の部面から見ると大きな間違いを犯している、私はあの頃も考えておりました。それはいろいろな理由はあるでしょうけど、やるべからざる戦争をやった、そう私は思うのです。

しかし、第一線へ出ていった兵隊さんや将校、純真な学徒諸君は、これで自分の国を守らなければならぬ、ＡＢＣＤ線で包囲されている日本はもう生きられなくなっていると純真に信じて、そして祖国を守るために自分の一身をささげるという純真な気持でやったか、あるいは植民地支配からアジアを脱却させようと、日本は自己の犠牲においてそういう聖戦をやっているんだ、そういうふうに教えられて純真にそれを信じてやっていた人が実に多いのです。私ら戦争に出て第一線でそういうことも聞いたし、そういう話し合いもしたことがある。

そういう意味において、特攻隊に出るというようなそういう自分の命を投げ出すようなことは、一身の名誉とか何かでできるものではないのです、実際は。何かそういうことに殉じた人の魂を私は尊いものだと思うのです。だから靖国神社に行って頭を下げてきておるのであって、そのことが悪いと私は思っておりません。また、特攻隊で死んだ英霊の皆さんについては本当に心からお悔やみ申し上げ、尊崇しておる、今でもそう考えております。そのことと、この大東亜戦争をやってよかったか悪かったか、戦争の意義はどうであったかという問題とは、別の問題がまたあるのであります。」（国立国会図書館調査及び立法考査局、八〇二頁）

これに対して市川は「問題は、そのやるべからざる戦争でしかも純真に死んでいった。だから、その背景には軍国主義時代の国家権力と、そういう純真な魂を教育の力によってそう思わしめてしまった教育の体制というものがあったと思うのです。そういうものに対する反省なくして、ただ特攻隊だけを美化していくというのは私は非常に危険な考え方だと思う」と中曾根を批判した。

これに対する中曾根の回答は「制度を論ずるのと、それからその個人が主観的に処してもいったその心境について我々が評価するのと、それは別の問題なのであって……」というものだった（国立国会図書館調査及び立法考査局、八〇二頁）。つまり、中曾根は、日本の政府が教育や言論の統制を通じて東洋平和のためとか、自衛のためといった虚偽の言説を撒き散らして民衆を侵略戦争に動員し、無意味な死者を生み出した国家責任を無視した。

アジアに対する日本の戦争を侵略戦争と認定すれば、当然日本人戦死者はその戦争に動員されて無意味な死を強いられた存在と認定することになり、彼等を殉国者として美化することはとうていできない。しかし、彼は中国との外交上の障碍を除く政治的配慮からのみ日本の中国侵略を無条件で認めるが、他方では今日における軍備を支える日本民衆の対国家忠誠心を確保する意図のために、日本民衆を侵略戦争に動員した国家責任の認定を回避して、戦死者を殉国者と認定することに固執したのである。

こうしたダブルスタンダードは中曾根だけに見られる問題点ではなく、その後の首相たちにも見られる問題である。このことは追って論証する。

三　アジアの戦争犠牲者との連帯を目指した日本人戦死者遺族の思想と運動

1　平和遺族会全国連絡会の成立

平和遺族会全国連絡会結成宣言

平和遺族会全国連絡会は中曾根首相の靖国神社公式参拝を契機として、日中戦争開始記念日である一九八六年七月七日に結成され、結成宣言を発表した。この会の全国代表でもあり、またキリスト者遺族の会の実行委員長でもあった小川武満が一九九一年二月二〇日に大阪高裁法廷で行った証言によれば、「いろいろな種類の多様な遺族が、これ（中曾根の公式参拝——引用者註）には反対であることを明確にするために」六団体で結成したという（中曾根首相の靖国神社公式参拝に抗議する会、二七〇～二七一頁）。

平和遺族会全国連絡会結成宣言の全文は左記のようである。

「　平和遺族会全国連絡会結成宣言
私たちは、愛する肉親をアジア・太平洋地域の戦場で失い、その悲しみを秘めて戦後に生きてきました。愛する肉親はふたたびなつかしい故郷に帰ってくることはなかったのです。帰ってきても、弱り果てた肉体は死を迎えることになりました。

しかし私たちは戦争の罪悪を痛感するにつれ、複雑な思いに包まれました。私たちの肉親を奪ったあの戦争は、アジアの国々の平和をおびやかし、民衆の生活を破壊し、二〇〇〇万を上まわる生命を奪った侵略戦争だったのです。私たちは息子、夫、兄弟、父の死を『意義ある死』として、自分自身を慰めることもできなかったのです。

私たちは戦没者遺族であるからこそ、誰よりも強く平和を求めます。私たちはもう二度とアジアの人々を敵視し、平然と何の罪もない民衆を殺すようなことをしてはならないと思います。私たちは、戦争の悲劇を味わった者として、日本政府が再び戦争の惨禍をもたらすことがないように最善の努力を払いたいと願います。そうすることが、私たちの肉親の悲しくも空しい不条理な死とアジアの人々の無念な死を無駄にせず、意義あるものとする唯一つの道だからです。

第二次世界大戦が終結して今日まで、地球上に戦火が絶えることなく、そしてさらに近年、超大国の核軍拡が強まり、わが国でも軍拡の動きが高まってきました。そうした機運の中で、昨年八月一五日、中曾根首相と閣僚らによる戦後初の靖国神社集団『公式』参拝が強行されました。

去る侵略戦争の最大の責任は、近代天皇制国家において戦争を計画し、遂行した、天皇を頂点とする軍国主義の指導者にあります。その軍国主義の精神的な核が国家神道であり、侵略戦争遂行のために果した、靖国神社の存在と役割の大きさについて、知らない者はありません。私たち肉親も、『死ねば靖国の神になる』、『天皇のため、お国のためによろこんで死ぬ』と教えられ、『出征』していったのです。

私たちは、靖国神社『公式』参拝を絶対に認めることはできません。たとえ政府が、国民や戦没者遺族にとって追悼の中心的施設であると、根拠のない宣伝をしても、私たちは靖国神社と国家が特別な結びつきをすることがどんなに危険な結果をもたらすかを知るに至ったからです。

今こそ、私たちは靖国神社『公式』参拝に反対するとともに、私たち戦没者遺族こそ、侵略戦争と軍国主義を憎み、国境や人種の差をこえ、わけへだてなく人々を愛し、平和をつくり出す思いを強くもたねばならないと信じます。この平和をつくり出そうとする思いこそ私たちの心からなる願いであり、戦没者遺族の原点であると確信します。

しかるに、遺族の中には、本来願い持つべきこの思いを忘れ、戦争を防ぎ、世界の永遠の平和を確立しようとした敗戦直後の決意にもとり、戦争賛美、『英霊』尊崇の方向へゆがめてゆく政治に利用されつつある状況が見られます。

私たちはこうした危険な方向に反対し、自覚を新たにして真の平和を創り出す原点に立ち、アジアの、そして世界の戦争犠牲者と手をつなぎ、力を合わせ、連帯します。そのために、平和を求めるすべての人々に支えられつつ、誠実に、不断の努力を払うべく、ここに平和遺族会全国連絡会を結成します。

一九八六年七月七日」

以上のように、この宣言は戦死者遺族が遭遇した二度の悲しみと苦悩を語っている。最初は愛する肉親の戦死から発生した悲しみである。二度目はアジア・太平洋戦争が侵略戦争であることを認識することにより、肉親の戦死が「意義ある死」として、自分自身を慰めることもできなかったのである。

静岡県西部地区平和遺族会の会員溝口正は、三二歳で戦死した兄も侵略者・加害者の役割を担ったことに対する痛苦を次のように記した。

「確かに兄とその家族は戦争の被害者である。しかし兄が、天皇の軍隊に召集されて侵略軍の一員となったとき、兄は否応なしに侵略者・加害者となったのである。私は兄を侵略者・加害者として認めることは、自分が死ぬほど辛く耐えられないことである。兄は暴力を振るったり殺人を犯したりすることの出来る人間ではなかった。善良でやさしかった。」

（平和遺族会全国連絡会、七一～七二頁）

こうした歴史的現実を覆い隠して、日本人戦死者を殉国者として顕彰する靖国神社への中曾根の公式参拝を黙視できず、この宣言が発せられたのであった。

平和遺族会に結集した遺族達は、肉親が被害者であると同時に侵略に加担させられた加害者となったことの痛苦のゆえに、アジア、そして世界の戦争犠牲者との連帯を志向したのである。この平和遺族会の見解は、中曾根の欺瞞的なダブルスタンダードと対決するものだった。

遺族である福島英雄も、一九八六年八月一六日付『朝日新聞』に掲載された「戦死した父の美化を許さぬ」と題する投書で、靖国神社国家護持によって日本人戦死者を殉国者として顕彰しようとする日本遺族会を批判して次のような見解を表明した。

「太平洋戦争で愛する父を失った一遺族として、最近の日本遺族会の活動を見るとき、私は非常な疑問を感じる。平和憲法を堅持するわが国で、かつての軍国主義時代と同様に、戦没者を英霊としてたたえ、戦争を偉業とする靖国法案の成立や首相の公式参拝を執ように求め続けていることである。

父は昭和十八年、赤紙一枚で旧満州へ出征し戦病死したひとりの弱い人間であった。しかし私は決して父の行為を美化したり正当化したりしようとは思わない。父も中国侵略という大犯罪に手をかした加害者のひとりなのだ。その父がお上の手で英霊として祭り上げられることを、私は息子として拒否する。私の良心が許さない。『国家のために死ぬことは尊い』という考え方を否定しない限り、戦争は忠君愛国のロマンとして美化され正当化される。

軍事優先の政治が大手をふってまかり通りだした昨今、遺族会こそ、その情念を燃やし、反核・軍縮の平和運動の先頭に立つべきではないか。それこそが、あの忌まわしい戦禍を再びくり返さないための、そしてまた多くの肉親の死を〝無益な死〟としないための、私たち遺族の唯一の使命である。」

つまり、この投書は、中国侵略に動員された果ての日本人戦死者の英霊としての顕彰を拒否することが、父の戦死を無意味な死にしない営みだと主張するのである。

真宗遺族会の成立と菅原龍憲

真宗遺族会は、同会の事務局長菅原龍憲の証言によれば、中曾根首相の靖国神社公式参拝をきっかけに一九八六年一月二二日に結成され、平和遺族会に参加した（中曾根首相の靖国神社公式参拝に抗議する会、三二二頁、三一四頁、三一八頁）。菅原は「戦死者を『英霊』と褒めたたえてはならない」と題する論説で、真宗遺族会結成によって戦死者遺族が果すべき課題を次のように提起した。

「国家とは残忍なものである。国家の戦争によって駆り出され、肉親を失ったことに対する遺族の怒り、恨み、悲しみは当然のように国家に向けられるはずである。しかし国家は『名誉の戦死』と褒め讃える。どこへというやり場もなく、出口をふさがれた遺族たちは結局『英霊』の位置に取り込まれてしまった。

一九八五年八月十五日、中曾根首相とその閣僚たちが初めて靖国神社に公式参拝を実施したとき、靖国の境内で拍手と歓声をあげて迎えていた遺族たちの姿は忘れられない。なんとも切なくて悲しい。国家によって犠牲となった戦死者を国家が褒め称えるという欺瞞を遺族たちはなぜ許してしまうのか。彼らは戦死者に『すまん』と詫びているのではない、『よくやった』と褒めているのである。それは戦死者を『英霊』と讃え、『偉業』をなしたものとすることによって、あの戦争は侵略ではなかった、聖戦であったと、国家の戦争責任を回避することに目的があるのである。お国のためと言う言葉で戦争に伴う非人間的行為、残虐行為をあやふやにしてきた。そのことが今なお加害者として戦争を語ることができない状況を作りだしている。遺族が受け取る遺族年金は、本来は、国家の責任において、犠牲になった者に対する『補償』のはずである。しかし遺族たちには『補償』の意識はなく、勲記、勲章とともに国家からいただく『ごほうび』なのである。この倒錯を作り続け、その残忍さを感じさせないところに国家の本質があると思う。そしてなお私達の側においても、戦後も相変わらず、国家頼み、国家まかせ、さらに国家に従属することによって充足感さえおぼえてしまうという精神的土壌が根強くある。国家の本質に目を開き、国家を問い返す視点を持つことが、今私達遺族に課せられている。」（平和遺族会全国連絡会、六二～六三頁）

戦死者遺族にとっては肉親の戦死が侵略戦争のなかの無意味な死と認識することは、極めてつらいことである。そのために戦死者遺族は戦死を殉国行為として顕彰する靖国神社に取り込まれやすかった。そのつらさのために、ある戦争未亡人は国家護持を目指す靖国神法案に賛成して次のように述べた。

「幸いにして靖国神社に眠る戦争犠牲者の『みたま』を国の手でまつる法律が今国会に提供されるのは本当にありがたいことだと考えております。

ところが新聞によりますと社会党や共産党はこの法律に反対する国民運動を展開する方針だそうですが、その理由はどうしても私には理解出来ないのです。悪い戦争だったから、国家のためと信じて戦争に行き、国のために死んだことはムダだとでもいうのでしょうか。私にはどうしても納得出来ないのです。

私の夫とて好んで戦争に行ったのではありません。一度ならず二度も外地に行き、終戦間近に戦死したのです。戦争が国の方針だったのですから、そのために戦った人をムダ死だったと死者にムチ打つようなことはしてもらいたくないものだと思います。

戦争に負けた結果、物の考え方や価値観が変わっても日本の国は有史以来変わっておりません。だとしたら歴史の一コマとして百万もの戦死者を国として祭ることは当然であると思います。」

（佐々木健、一一一頁）

菅原は国家が遂行した侵略戦争に民衆が動員されて無意味な死を強いられたのみならず、その遺族がその死を殉国として顕彰することによって「軍備の根底たる愛国心」の回復・強化を目指す国家の政策に引き込まれていく深刻な思想状況に耐えられず、この状況を克服するために真宗遺族会を結成し、かつ同会を平和遺族会全国連絡会に加盟させる処置を取ったのであった。

2　戦病死した夫との愛別離苦を通じて　アジアの戦死者遺族の愛別離苦に想いを寄せた小栗竹子

日本人戦死者遺族とアジアの戦死者遺族との連帯への展望

二人の弟が戦病死した小川武満は、日本人戦死者もアジアに対する加害者となったことに眼を背けまいとしながらも、他方では日本人遺族は肉親の戦死の悲しみを知るからこそ、虐殺されたアジアの戦死者遺族の深い痛みに共感できるのではないかと考えて、次のように記した。

「私たちの肉親はどのようにして死んでいったのか。そして私たちの肉親が兵士として行った先のアジアの人々はどのようにして殺されたのか。私たちは加害者の遺族として、戦死者を美化することなく、真実を、血涙をしぼって訴えたい。そこには愛する肉親、父、子、夫、きょうだいを殺された怨念と慟哭の訴えが充満している。しかし、怨念と苦悩と孤独の深みを知る遺族こそが、虐殺された人々の遺族たちのより深い心の傷の痛みに共感し、国境を越えてアジアの遺族との連帯を結びえるのではないか。」（平和遺族会全国連絡会、五頁）

小栗竹子の小栗次郎との出会いと恋愛

ここではそのような道を歩いた日本人遺族の典型として、戦争未亡人小栗竹子が歩んだ道を彼女の著書『愛別離苦――靖国の妻の歩み』（径書房、一九九五年）、および『戦後の生を紡ぐ――愛別離苦を超えて』（一葉社、二〇〇〇年）によって復元してみたい。

小栗竹子は一九三九年の秋、彼女が二〇歳の時、臨時召集を受けて東京麻布の歩兵第三連隊にいた次兄に面会に行った際に、面会所で次兄と親しい乙種幹部候補生の一兵士と会った。彼が後に彼女の夫になった小栗次郎だった。次兄は東京勤務を続け、日曜日ごとに小栗を連れて自宅を訪れた。彼女は小栗の誠実な人柄にひかれていった（小栗竹子、一九九五年、一〇～一七頁）。

小栗は一九四〇年六月三〇日に満期除隊となり、陸軍軍曹になった。しかし即日臨時召集となり、引き続き歩兵第三連隊にいることになった。その頃には彼女は小栗以外の人と結婚する気はなくなっていた。しかし日中戦争の最中である。小栗が中国の戦場に動員されて戦死することもありうる。彼女もそのことを考えた。しかし彼女は、「ええい！　その時はそのときのこと」と、決断した。彼女は次兄に小栗との結婚の希望を打ち明けた。次兄は公用外出をもらって来て家族と相談した後に、彼が兵営で小栗に、彼女の母が小栗の母に、小栗が除隊したら二人を結婚させてもらいたいと正式に申し入れた。小栗の母も大変喜んだ。二人は日曜日ごとに会い、行楽にも出かけ、手紙のやり取りもし、接吻する仲になって行った。しかし一九四一年一二月八日に太平洋戦争が開始された（小栗竹子、一九九五年、二三〜六七頁）。

結婚、そして夫は間もなく中国戦線へ、やがて戦病死

一九四二年四月一七日、二人は東京本郷の学士会館で結婚式を挙げた。そしてこの年の一二月一日に小栗は除隊となり、勤務していた化学工業会社に戻ったが、それもつかの間の春だった。一九四三年三月二一日、豊島区役所兵事係から小栗に至急出頭を命ずる速達が届いた。小栗は豊島区役所へ出頭して召集令状を受け取った。小栗は「ああ、何が滅私奉公だ！　何が尽忠報国だ！　何が聖戦だ！」と戦争体制を呪った（小栗竹子、一九九五年、一一八〜一八二頁）。

三月二七日に小栗は兵営の門に入った後に中国に向かい、七月二三日に安徽省下塘集《あんきしょうかとうしゅう》に着いた。九月八日に長男康生が生まれた。小栗はその後各地での警備や戦闘に従事した後に発病し、一九四四年九月一九日に蚌阜《バンプー》の陸軍病院で戦病死した（小栗竹子、一九九五年、二〇七〜二〇八頁）。

敗戦！　夫は犬死にか？

彼女は米軍機の空襲から逃れるために一九四五年四月一日に東京から軽井沢に疎開した（小栗竹子、一九九五年、二二一九頁）。

この年の八月一五日に彼女は「終戦の詔勅」をラジオで聞いて「お国のためと無理にも意味づけて諦めようと努めていた彼の死が、今やまったく何の意味もなくなってしまったのだと思い知った」（小栗竹子、二〇〇〇年、五二頁）。

多くの遺族と同じく彼女も、夫の戦死は敗戦によって犬死にになったと思ったのである。しかしそのように思い切れなかったのであろう。彼女も多くの遺族と同じく戦死者を天皇制国家のための殉国者として顕彰する靖国神社の例大祭には何を措いても必ず参拝した（小栗竹子、二〇〇〇年、八七頁）。

アジア・太平洋戦争は侵略戦争だった！

しかし、アジア・太平洋戦争が何であったかを考える機会が彼女に訪れた。

一九四八年のある日、彼女は満五歳にもならない息子康生を連れて軽井沢に行った。そこには米軍に接収されて日本人は泊まれないホテルがあった。彼女は「日本は戦争に負けてしまったからこのホテルもアメリカ人のものになってしまったの。あの旗の立っているところは日本の国でも、日本人は勝手に入れないのよ」と言うと、息子はホテルに翻る星条旗を指して「あの旗何の旗？」と聞いた。彼女は「あれはアメリカの旗なのよ。でもね、日本が戦争に勝っていた頃は、日の丸の旗が支那（外国人の中国に対する呼称）の方々に立っていたのよ」と、息子の気を引き立ててやろうと思ってそう言った。すると息子は「じゃその時、支那の人たちは可愛そうだったね」といった。この言葉を聞いて彼女は次のように反省した。

「私はハッとしました。戦争中の私たちが一度だって考えなかったことです。戦果が上がる度に地図の上に印をつけた私たちでした。思えばあの戦争中、軍の首脳部はもとより下万民に至るまで、占領された敵国人の悲哀と屈辱を考えてみた人がいたでしょうか。私たちは支那人が日本人と同じ人間だとさえ考えませんでした。強い日本が弱い支那を支配するのに何の疑問も起こらなかったとは……。」(小栗竹子、一九九五年、二六七頁)

そして彼女は「支那にも私たちと同じような未亡人が沢山いる」ことに気づいた(小栗竹子、一九九五年、二六八頁)。

一九五〇年から彼女は東京の目白で暮らすようになった。軽井沢で習い覚えた洋裁で生活がたてられるようになった。康生も小学校に入学した(小栗竹子、一九九五年、二七三～二七五頁)。

全国戦没者追悼式の首相式辞等の欺瞞性に対する批判が生まれる

彼女は一九六三年頃、息子の薦めで遠山茂樹、今井清一、藤原彰の共著『昭和史』(岩波新書)を読んだという。この書物は一九五五年に刊行された旧版と、一九五九年に刊行された新版があるが、彼女が読んだのは新版であろう。この書物は侵略戦争だったアジア・太平洋戦争の歴史に重点をおいて昭和の歴史を描いた歴史書である。彼女はこれを読んで「私たちはまったく無謀な戦争の犠牲となったことを痛感した」（小栗竹子、一九九五年、三三二頁）。

彼女は一九六三年八月一五日に「第一回全国戦没者追悼式」と題する「亡き夫への手紙」で、この追悼式に対して次のような批判を書いた。

「捧げられた追悼文にある『あなた方の尊い犠牲の上に今日の隆盛がある』と言う言葉には、何か心に引っかかるものを覚えるのです。天皇のお言葉にしろ、首相の式辞にしろ、遺族代表の追悼の辞にしろ……。

私はあなた方戦没者の犠牲と今日の隆盛とを、そう短絡的に結びつけてもらいたくないのです。何も戦没者が死んだから今日の日本の隆盛があったわけではありません。敗戦によって為政者の考え方が外からの力で変えられて、戦争をしなかったからなのですわ。（中略）私は遺族の一人として、あの戦争が如何に愚劣で、それに払わされた私たちの犠牲の如何に大きく無駄であったかを、生涯肝に銘じて忘れませんが、その犠牲によって得た『日本国憲法』は命に代えても守って行きたいと思います。」（小栗竹子、一九九五年、三三一〜三三二頁）

彼女は、日本国家によって侵略戦争に従事させられて無意味な戦死を遂げさせられた夫たちの死を誤魔化して美化する首相や遺族代表の言葉に問題があることに気がついたのであった。

夫が無意味な死を強いられた歴史的現実の直視

彼女は、一九六五年四月二七日に「新生」と題して記した「亡き夫への手紙」に次のように書いた。

「無謀な戦争のために最愛の家族を捨て、嘱望されていた将来も捨てて応召し、否応なしに侵略行為をさせられた上に、無意味な死を強要された戦没者を、いまさら『英霊』と称え、戦後もこの苦渋に満ちた人生を、理不尽にも押付けられてきた戦争未亡人を『靖国の妻』と呼ぶ、そういう世俗的な風習に縛られて来た自分が、この頃つくづく嫌になってきました。」（小栗竹子、一九九五年、三四〇頁）

そしてさらに次のように書いた。

「私が長い間、靖国神社とあなたを結びつけて考えてきたのは、最愛のあなたの死に、たとえ世俗的なものにせよ、何とか意義を認めないではいられなかった、私の無念の故だったのでしょう。

でも、今の私はもうそうまでして自分の心をごまかそうとは思わなくなりました。これからは、ありのままのあなたを、ありのままの戦争というものを、はっきりと見極めていこうと思っているからなのです。」（小栗竹子、一九九五年、三四一頁）

遺族にしてみれば近親者の戦死が意味ある死と考えて自己を慰めたい。しかし、彼女はたとえつらくとも、夫が侵略戦争に動員されて無意味な死を強いられた現実の歴史に眼を背けず、これからの自己の生き方を考えようとしたのである。

戦死者遺族こそ恒久平和を求めよう

一九六四年八月一五日に開催された第二回全国戦没者追悼式の模様を彼女はテレビで見ていた。式の締め括りにアナウンサーが「今ここに菊花を捧げて涙する遺族たちは、ひたすら亡き人を悼むことで一杯で、この犠牲を世界平和に結びつけることなど、考える余裕はおそらくないと思われます。それは我々がしなければならないことです」と言った。しかし彼女は次のように考えた。

「私に言わせれば、我が身と我が愛しい人が身を以て払った犠牲の上に、遺族こそ亡き人に代わって、心から恒久平和を願わなければならないのだと言いたい。自らに戦争の爪痕を深く残していない人たちには、一年の中でおそらく終戦記念日の今日一日くらいしか、あの戦争を思い起こすことはないだろう。そういう人たちに、どうして恒久の平和を願うことができるだろうか。我々遺族は、ただ亡き人を悼んでばかりはいられない。今こそ亡き人に代わってそれを叫ばなければならないのだ。私はどうしてもそのために私の力の限りを尽くそうと決心した。」（小栗竹子、二〇〇〇年、五三頁）

日本の侵略を受けた国々の戦死者遺族の愛別離苦を想う

彼女は侵略を受けた側の身になってアジア・太平洋戦争をとらえ、一九九五年六月に『愛別離苦』

の末尾の文章「さらにそれから」に次のように書いた。

「我々遺家族は自分たちの被害者意識だけに埋没してはいられないのだ、という思いがますます強くなったのです。心を静めて事の本末を考え、立場を換えて相手の身になって考えれば考えるほど、私たちはあの戦争を肯定するわけには行きません。

彼の死は戦争によって強いられた、まったく無意味な死だったのです。そして私の『愛別離苦』は決して私一個のものではありません。しかも日本の国の中だけのものではありません。その侵略によって、他国の多くの人々に無意味な死を強制し、その遺家族に生涯『愛別離苦』の業苦を負わせてきた、あの戦争は一体なんだったのでしょう。私はこれを生涯問い続けたいと思います。」

（小栗竹子、一九九五年、三四五頁）

彼女は夫との「愛別離苦」の故に恒久平和のための生き方を選んだ。しかし彼女は自己の被害者意識のみにとどまるものではなく、アジアの戦争犠牲者の遺族の「愛別離苦」にも想いを寄せたのである。

そこで彼女は一九八五年一一月、夫が戦病死した中国安徽省下塘集を訪れ、夫の遺骨の代わりにその地の石を持ち帰った。そして彼女は「軍靴にて君踏みし跡を老妻《おいつま》のわれは訪ね赦し請うべく」と詠った（小栗竹子、二〇〇〇年、三一六頁）。

後世への贈物としての小栗竹子の作品

彼女は『戦後の生を紡ぐ』の「あとがき」に「私のこの生涯に渉る精神医学のカルテとも言えるこの記録は、民衆レベル（ことに女性の立場での）の戦中戦後の時代感覚や心情を、そのまま後世に伝える一資料として、いささか意味があるかもしれないと思う」と記したが（三三三頁）、彼女の二つの作品は、戦争未亡人の記録として思想的水準のきわめて高い作品である。

四　日本政府首脳のダブルスタンダードの定着

1　日本政府の日本人戦死者の顕彰から追悼への移行と日本人戦死者の殉国者扱いの維持

首相式辞の多少の変化と日本人戦死者の殉国者扱いの維持

一九八八年から一九九二年までの時期には、全国戦没者追悼式の際の首相の式辞の戦死者の意味づけに若干の変化が現われ、戦死者に対する顕彰ではなく、追悼、すなわち戦死者を偲んで悼み悲しむ色彩が濃くなってきた。この時期の式辞の該当部分を挙げれば、下記のようである。

【一九八八年八月一五日、竹下登首相式辞】　あの苛烈を極めた戦いの中で、祖国の安泰を願い、家族を案じつつ戦場に、職域に、また戦災に倒れ、あるいは戦後、遠い異境の地に亡くなられた三百余万の戦没者の方々を思うとき、悲痛の想いが胸に迫るを禁じ得ません（内閣総理大臣官房監修、一九九〇年、二六二頁）。

【一九八九年、一九九〇年、一九九一年八月一五日、海部俊樹首相式辞（毎年同文）】　あの苛烈を極めた戦いの中で、祖国の安泰を願い、家族を案じつつ、戦場に、職域に、また戦災に倒れ、あるいは戦後、遠い異郷の地に亡くなられた三百余万の戦没者の方々を思うとき、悲痛の想いが胸に迫るを禁じ得ません（厚生労働省所蔵文書）。

【一九九二年八月一五日、宮沢喜一首相式辞】　海部俊樹首相式辞が「あの苛烈を極めた戦い」と言ったところを、宮沢喜一首相式辞は「あの」を抜いて「苛烈を極めた戦い」と言った部分を除いて、前者と同文（厚生労働省所蔵文書）。

首相たちが日本人戦死者の殉国者視を固守した原因

式辞が「亡くなられた三百余万の戦没者の方々を思うとき、悲痛の想いが胸に迫るを禁じ得ません」と言ったように追悼の色彩が強くなったのは、平和遺族会に現われているように戦死者顕彰の欺瞞性に対する批判が登場したためかもしれない。

しかし他方では、戦死者は「祖国の安泰を願い、……」と表現され、戦死者を殉国者視する色彩を依然として維持していた。たしかに戦死者の遺書には「皇国興亡の岐路に立つ今日、身命を国家に捧げて御奉公するは日本男児の本懐であります」とか、「力あるかぎり、生あるかぎり十度死して国に報いん」といった文言が多く見られる（田中彰監修、ＮＨＫ出版編、二九〇頁、三七二頁）。

しかしそれは強烈な天皇制イデオロギーに基づく学校教育の影響によるものであろう。侵略戦争に従事することが「祖国の安泰」のためと日本人民衆を教育した国家の重大な責任がそこにあるのであって、祖国の安泰を願ったつもりで侵略戦争に献身したことは顕彰すべきことではない。

しかし、竹下、海部、宮沢も中曾根と同じく、侵略戦争への従事が祖国への安泰になると教育した国家の責任を省みず、彼等の式辞は、戦死者は「祖国の安泰を願い、……」と、国家により植え付けられた観念を称揚した。これは戦死者を殉国者と意味づけることにより、国家に対する無条件の忠誠心、すなわちいわゆる愛国心を確保しようとする政府側の意図が依然としてあったことを示すものであろう。

2 細川護熙首相のアジア・太平洋戦争侵略戦争論の登場と右派たちの反対行動の展開

従軍慰安婦問題の浮上

一九九一年八月一四日に金学順《キムハクスン》が韓国で初めて元従軍慰安婦として名乗りをあげた。これに続いて一九九二年一月一一日付『朝日新聞』では、中央大学教授吉見義明が防衛庁図書館で発見した日本軍の慰安婦の募集や慰安所の設置とその運営への関与を示す史料の存在が報じられた。この史料は「従軍慰安婦は民間業者が連れて歩いた」、あるいは「従軍慰安婦の実態を示す手がかりはない」といった、それまでの日本政府の見解を覆すものだった。

加藤紘一官房長官は一一日夜の『朝日新聞』記者の取材に対して「当時の軍の関与は否定できない」という見解を述べた（『朝日新聞』一九九二年一月一二日）。

一月一七日、盧泰愚《ノテウ》大統領との日韓首脳会談で、宮沢喜一首相は慰安所への軍の関与を認めて謝罪し、かつ真相究明を約束した（『朝日新聞』一九九二年一月一七日夕刊）。

一九九三年八月四日、河野洋平官房長官は慰安婦関係の政府の調査を発表した。「河野談話」といわれるこの発表は、慰安所は日本軍当局の要請により設置され、かつその設置、管理や慰安婦の輸送には日本軍が直接あるいは間接に関与し、主として軍の要請を受けた業者が募集に当たったが、「その募集、移送、管理等も、甘言、強圧による等、総じて本人の意思に反して行われた事例が数多くあり」、慰安婦の出身地は日本を別とすれば朝鮮半島が大きな比重を占めたことを認めた(1)。

こうして、侵略戦争に動員した日本人兵士による戦場での中国人女性に対する強姦の頻発が中国人の反日意識を一層強めるのを避けるために、日本軍首脳が植民地にされた朝鮮の女性を、軍の手先となった業者の拉致や甘言による就業詐欺で従軍慰安婦として動員した実態、つまり植民地支配が更なる侵略戦争の遂行に利用されていく実態の一端が白日の下にさらされ始めた。

これが与えた衝撃が、細川護煕首相が日本の侵略戦争と植民地支配について謝罪の発言をする背景となったのであろう。

細川護煕首相の侵略戦争発言

一九九三年七月一八日の第四〇回総選挙で自民党が不振の結果、八月九日に日本新党代表細川護煕を首相とする非自民六党連立内閣が成立した。細川は翌一〇日の記者会見でアジア・太平洋戦争について「私自身は侵略戦争であった、間違った戦争であったと認識している」と述べた（『朝日新聞』一九九三年八月一一日）。

この年の八月一五日の全国戦没者追悼式で細川は、「平和国家としての再生の道を戦後一貫して歩んできた日本国民の総意として、この機会に、あらためてアジア近隣諸国をはじめ全世界すべての戦争犠牲者とその遺族に対し、国境を超えて謹んで哀悼の意を表するものであります」と、全国戦没者追悼式の首相の式辞としては初めてアジアや世界の戦争犠牲者に対しても哀悼の意を表した（厚生労働省所蔵文書）。

他方、彼は日本人戦死者については次のように述べた。

「苛烈を極めたあの戦いの中で、祖国の安泰を願い、家族を案じつつ、戦場に、職域に、あるいは戦災に倒れ、さらに戦後、遠い異郷の地に亡くなられた三百万余りの戦没者の方々を思うとき、悲痛の想いが胸に迫るを禁じえません。」（厚生労働省所蔵文書）

これは竹下、海部、宮沢の諸首相の式辞と変わることなく、戦死者は「祖国の安泰を願い……」と言って、戦死者を殉国者視した追悼の辞であった。

彼は八月一〇日の記者会見の際に「憲法九条と自衛隊の問題をどう考えるか」という記者の質問に対して「違憲とは言えないという判断だ」と答えた（『朝日新聞』一九九三年八月一一日）。

自衛隊を合憲と認定した以上、国家に対する自衛隊員の忠誠心を必要とするので、アジア・太平洋戦争日本人戦死者を殉国者視せざるをえなかったのではなかろうか。アジア・太平洋戦争が日本の侵略戦争ならば、日本人戦死者は殉国者ではなく、アジアに対しては加害の一端を担わされ、国家との関係から見れば、国家によって無意味な死を強いられた被害者ではないか。

しかし細川は、ダブルスタンダードを取って、一方でアジア・太平洋戦争を日本の侵略戦争と認定しながら、他方では日本人戦死者を殉国者と認定する矛盾した発言をしたのである。

八月二三日に開催された衆議院本会議での所信表明演説では、細川は「過去の我が国の侵略行為や植民地支配などが多くの人々に耐え難い苦しみと悲しみをもたらしたことに改めて深い反省とお詫びの気持ちを申し述べる」と発言した。ここに初めて日本の首相の侵略戦争と植民地支配についての謝罪が表明された。

しかし、細川内閣でも従軍慰安婦に対する補償については意見が一致していなかった。

社会党委員長である山花貞雄政治改革担当相は、一九九三年八月一三日の記者会見に際し、従軍慰安婦問題について「日本の責任は補償という形で取るべきだというのが社会党の方針だ。私自身は、いまもそう考えている」と言ったが（『朝日新聞』一九九三年八月一三日夕刊）、他方さきがけ代表である武村正義官房長官は「首相発言と補償問題は直接関係しない」と、従軍慰安婦に対する補償を否認した（『朝日新聞』一九九三年八月一四日）。一〇月四日の衆議院予算委員会で細川首相も、戦後補償問題は「既に法的に決着済みの問題である、そのように考えているところでございます」と答えた。

日本遺族会をはじめとする靖国神社護持団体の猛烈な非難

細川首相も以上のように、従軍慰安婦に対する補償を否定したが、それでも彼がアジア・太平洋戦争を侵略戦争と認定したことに対して、自民党系の国会議員団体や日本遺族会などが猛烈に反発した。八月一一日、「英霊にこたえる議員協議会」、「遺家族議員協議会」、「みんなで靖国神社に参拝する国会議員の会」が連合した自民党の靖国関係三協議会の原田憲座長等は、武村正義官房長官に会い、細川発言は「断定的な言い方で、遺憾な発言。遺族の心境を考えても認められない」と抗議した（『読売新聞』一九九三年八月一二日）。

八月一三日には日本遺族会の中井澄子会長代行らが「武村正義官房長官に遺族の心情を強く訴え、首相、官房長官に猛省を求めた。」（『日本遺族通信』一九九三年九月一五日）

日本遺族会は一〇月一日に声明を発し、細川発言を次のように非難した。

「細川総理は去る八月十日の記者会見において『さきの大戦は侵略戦争であった。間違った戦争であった』と断言した。

顧みるに大東亜戦争の様相は、その戦場となった中国、東南アジア諸地域の特性、また、終戦時のソ連の不法進攻などそれぞれの経過、評価を異にするものがある。それを総て『侵略』と断定するところに歴史の認識に欠けるところがあり、言外に『戦没者は侵略者に加担した犠牲者である』と決めつけた英霊冒とくのこの発言は一国の総理として他国に類を見ない極めて軽率な言辞であり、その見識を疑わざるを得ない。

戦没者遺族は今日までわが身をかえりみることなく一途に祖国の安泰と繁栄を願って、尊い生命を国家に捧げた肉親に誇りをもって、茨の道をひたすら生きてきた。しかし総理の暴言は、この心の支えさえ根底から踏みにじったものであり、われわれ戦没者遺族は、断じてこれを容認することはできない。

大東亜戦争は国家、国民の生命と財産を護るための自衛戦争であった。」

（『日本遺族通信』一九九三年一〇月一五日）

この声明は、アジア・太平洋戦争を日本の侵略戦争と認めた細川発言は、戦死者は生命を国に捧げた殉国者だという遺族の誇りを傷つけたと非難するものであった。

日本遺族会の会長である橋本龍太郎は、一〇月四日の衆議院予算委員会で自民党政調会長として自民党を代表して細川を非難した。細川発言に対する橋本の非難には二つの点があった。

第一の点は、アジア・太平洋戦争を侵略戦争と認定したことから起る遺族の衝撃だった。橋本は日本遺族会に届いた遺族の手紙を取り上げて「去る大戦で御自分の夫を亡くした、あるいは父親を亡くした、子供を亡くした方々からは、自分の子供は、夫は、父親は侵略していたのか、侵略の片割れだったのか、そんなはずはなかったという声がいっぱい届いています。私は、ひとつこういう声にもあなた自身が耳を傾けていただきたいと思う」と言った。

戦後も多くの遺族が肉親の戦死を名誉ある殉国死と思い込んだのは、戦前には、日本政府が戦死者を天皇制国家のための殉国者として靖国神社に合祀して顕彰することによって国民の侵略戦争への動員を図り、戦後も全国戦没者追悼式や靖国神社への首相の参拝によって、依然として戦死者を殉国者として顕彰し、「軍備の根底たる愛国心」の高揚を図った結果であり、それは日本国家の戦争責任と戦後責任にかかわる問題である。しかし橋本はこの点を全く黙殺した。

橋本が問題にした第二点は、細川がアジア・太平洋戦争を侵略戦争と認定することによって、「国際社会の中で今日まで積み上げてきた日本の戦後の努力というものが無になる可能性すらあるかもしれない」ということであった。

橋本は「過去の戦争というものを振り返るときに、その中で侵略といわれても仕方のない部分があったことを、今までの政府もそれを認めてきました。そして、サンフランシスコ講和条約以来、その責任を果すために一生懸命努力をしてきました」と言う。つまり橋本は、日本は侵略を受けた国々に対する賠償の努力をして来たと見なすのである。そのように考える橋本は、「内閣総理大臣が、済んだ、国際的に解決を済ませてきた問題について、改めて今日、侵略戦争と定義づけ、これらの問題を掘り起されたことはいかなる意味を持つのか、その影響に対して責任をお持ちになるのか、私は深刻にお考えいただきたいと思う」と言った。

当時、朝鮮人従軍慰安婦に対する補償の問題が論議されていた。橋本はこのことを懸念したのである。

他方、九月一三日夜には大原康男国学院大学教授や小堀桂一郎東京大学教授らの知識人によって東京都千代田区の日本工業倶楽部大ホールで「日本は侵略国ではない――細川内閣糾弾国民集会」が開催され、約千人が集まった（『日本遺族通信』一九九三年一〇月一五日）。

自民党の靖国関係三協議会は、八月二三日に「大東亜戦争を如何に総括するか」を基本テーマとして「歴史・検討委員会」を設置することを決定した。委員長は山中貞則、事務局長は板垣正で、国会議員一〇五名が委員として参加した。一九九三年七月に衆議院議員になったばかりの安倍晋三もこれに委員として参加した。検討委員会は一九九三年一〇月一五日から一九九五年二月一六日までに二〇回開催し、一九九五年八月にアジア・太平洋戦争は自衛戦争だという見解を表明する『大東亜戦争の総括』を刊行した（歴史・検討委員会、四四三～四四六頁）。

細川発言が戦死者遺族や元兵士に与えた衝撃

細川発言は、戦死者遺族や元兵士に衝撃を与えた。後には中国での日本軍の残虐行為や補償を求める元従軍慰安婦の悲痛な訴えを知ってから考えを改めた山形県遺族会会員の斉藤たつのも、「痛み」と題する彼女の手記によれば、細川発言に接した当時は、「世界平和の礎として捧げた父の、夫の、子の『命』を『犬死』させてはならないと『本気』で、一生懸命に抗議文を書き送りました」と言う（「揺れ続ける遺族」、『朝日新聞』二〇〇五年八月一五日夕刊）。

元兵士の野口宗三は一九九三年八月一五日付『朝日新聞』に掲載された投書「私の『出征』も侵略の加担か」に細川発言から受けた衝撃を次のように記した。

「首相発言を聞いて、私のあの過去は、一体、なんだったのだろうかと思った。

侵略戦争の参加者であれば、当然、侵略者の一員と言うことになるだろうか。我われ一兵卒は、ただ国の命ずるまま、天皇陛下の御ためと言って出征したのに。二度とない人生の尊い青春時代を、侵略という行為で過ごしてきたのかと思うと、残念で、くやしくてならない。そして、いかなる理由があるにせよ、戦争をしてはならないことを、くやしさと同時に胸に刻んだ。」

細川発言をさらに前進させた諸見解の出現

細川発言を機会に、この発言をさらに前進させた発言も現われた。

橋本広生（会社員、六七歳）は、一九九三年八月一三日付『朝日新聞』に掲載された投書「新政権に望む戦後処理断行」で「国内的には政治改革が急務だが、外交面では、アジアに向けて戦後処理を急いでほしい。そして来年は戦後を引きずってきたような八月十五日をむかえることなく、アジアの人々と共に、明日のアジアを考える日としたいものである」と述べた。

増田都子（中学校教員、四三歳）は、一九九三年八月一九日付『朝日新聞』に掲載された投書「侵略の事実に目をそらすな」で、侵略を認めると戦死者は犬死ににになるという理由で細川発言を非難する見解を批判して次のように論じた。

「辞書には『犬死に』は『無益に死ぬこと。無駄死に』とある。心は痛むが、彼等は事実として無益に、無駄に死んだ。なぜなら彼らは『大東亜共栄圏』あるいは『八紘（はっこう）一宇』という美名にだまされ、実は他国の領土、他国の人の命を奪い、そして殺されたのだ。つらいからといって、事実から目をそらすことが彼らを『犬死に』から救うだろうか。

救う方法は、ただ一つ事実を直視し、二度と戦争をくり返さないための国際公約でもある日本国憲法の人権、平和、国民主権を実現することだ。『犬死に』を強制したのは、人権無視、絶えまない侵略戦争、天皇主権の大日本国憲法システムだったのだから。真に『犬死に』させたくなければ、第九条をはじめとしてボロボロになった日本国憲法に、少しでも、現実を近づけるように努力しようではないか。」

犬死にした戦死者を救う方法は、反戦平和への営み以外にないと主張したのである。

一九九三年八月二五日付『朝日新聞』には、戦死者の遺族石崎キク（七七歳）の投書「戦争犠牲者の『死』の意義を」が掲載された。これは侵略戦争に動員されて無意味な死を強いられた日本人戦死者の死を意義あるものに転化させる道として、日本の侵略戦争の犠牲となったアジアとの連帯を提起したものだった。

「太平洋戦争の末期、静かな療養もできずに闘病の末、父が逝き、続いて母も病死し、二カ月後に夫の戦死の公報を手にした。さらに二カ月を経て日本の敗戦を迎えた。

彼ら亡きあとの五十年近い歳月の中で、かつて『聖戦』と教えられた戦争が、どんなに残虐な侵略戦争であったかを知るにつれ、ようやく私も、アジアの国々の民衆の苦しみ、悲しみ、癒（いや）し得ない深い傷跡に思いを致すことができました。

過ちを繰り返さないようにと願う私たち遺族は、昨今の海外派兵強行をめぐる動きの中に、あの半世紀前を思わせる危険な戦争への道を感じさせられます。

三百万の日本の戦争犠牲者も、さらにアジア太平洋地域で二千万を超える戦争犠牲者も、今を生きるわたし達に向って『政府の行為によって再び戦争の惨禍が起きることのないようにする決意（憲法前文）を新たにし、憲法九条の理念に根ざし、平和をつくり出していくように』と語りかけ、励ましているように思います。

アジアの方たちと連帯して、この声なき声にこたえていくことこそ、むなしくも痛ましい戦争犠牲者の死を意義あるものとする道ではないでしょうか。」

台北帝大地質学教室に勤めていた彼女の夫石崎一彦は、陸軍省燃料局の軍属として召集され、ボルネオでの石油資源調査の任務を終えて阿波丸に乗船して帰国の途中、米国の潜水艦の襲撃を受けて阿波丸が沈没したために戦死した。一九四五年四月一日のことであった（石崎キク、一九九三年、一四三〜一四四頁）。

彼女は「遺族の心情としては、いつまでも死者をきれいにしておきたい、無念の戦死に意味づけしてもらいたい。そういう気持ちがあるんですね。じつはわたしも当初そのあたりが、なかなかふっきれませんでした」と語った（田中伸尚、田中宏、波田永実、二〇頁）。

彼女もまた夫の戦死を意味ある死と思いたい心情と葛藤したのである。それは「自分の中でのたたかいでした」と、彼女は回想する（田中伸尚、田中宏、波田永実、二一頁）。

遺族のそうした心情を再び国家に回収しようとして全国戦没者追悼式が開催され、靖国神社の国家護持が画策された。しかし彼女はアジア太平洋戦争の実態を学び、小栗竹子と同じくアジアの遺族の愛別離苦に想いを寄せた結果、「私たち遺族は亡くなった夫、父、子らが被害者であったと同時にアジアの人たちに対しては加害者だった事実を、深い痛みをもって受け入れるようになりました」と言った（田中伸尚、田中宏、波田永実、二二頁）。

彼女は一九八二年に発表した手記で次のように断言した。

「生きてこそ有意義な生き方を通して、国のため、社会のため、人のためにも尽くすことができた若い、尊い、多くの命を、満州事変以来の侵略戦争の中で、国は死なせてしまった。たとえどのように理由づけをしようと、戦争は人を殺し、人を傷つけ、人の人生を滅茶苦茶にし、残虐を肯定し、人を人でなくしてしまう。戦争は決して偉業ではなく、美化されるべきものではない。いざとなればどのような非人道的手段をとることも辞さなかった国が、右傾化の進む今日の状況の中で、いまさら『公式参拝』を実現したり、『追悼の日』を制定したりしたとしても、それは、もっとも根本にある大切な問題から目をそらしており、二百五十万戦没者の死を一層空しいものとなるのではないでしょうか。」（石崎キク、一九八二年、一八五頁）

愛する夫の死が無意味な死だったと彼女が認知することは大変な苦しみであったろう。しかし彼女はそれを乗り越えてアジアの人々と連帯することで、夫の死を真に意味ある死に転化させる道を探り出し、首相やその他の閣僚の靖国神社公式参拝や全国戦没者追悼式の欺瞞性を厳しく批判したのであった。こうした発言が細川の侵略戦争発言を契機に登場した。

〔注〕

（1）一九九三年八月四日に発表された河野談話の全文を以下に掲げる。

いわゆる従軍慰安婦問題については、政府は、一昨年一二月より、調査を進めて来たが、今般その結果がまとまったので発表することとした。

今次調査の結果、長期に、かつ広範な地域にわたって慰安所が設置され、数多くの慰安婦が存在したことが認められた。慰安所は、当時の軍当局の要請により設営されたものであり、慰安所の設置、管理及び慰安婦の移送については、旧日本軍が直接あるいは間接にこれに関与した。慰安婦の募集については、軍の要請を受けた業者が主としてこれに当たったが、その場合も、甘言、強圧による等、本人たちの意思に反して集められた事例が数多くあり、更に、官憲等が直接これに加担したこともあったことが明らかになった。また、慰安所における生活は、強制的な状況の下での痛ましいものであった。

なお、戦地に移送された慰安婦の出身地については、日本を別とすれば、朝鮮半島が大きな比重を占めていたが、当時の朝鮮半島は我が国の統治下にあり、その募集、移送、管理等も、甘言、強圧による等、総じて本人たちの意思に反して行われた。

いずれにしても、本件は、当時の軍の関与の下に、多数の女性の名誉と尊厳を深く傷つけた問題である。政府は、この機会に、改めて、その出身地のいかんを問わず、いわゆる従軍慰安婦として数多の苦痛を経験され、心身にわたり癒しがたい傷を負われたすべての方々に対し心からお詫びと反省の気持ちを申し上げる。また、そのような気持ちを我が国としてどのように表すかということについては、有識者のご意見なども徴しつつ、今後とも真剣に検討すべきものと考える。

われわれはこのような歴史の真実を回避することなく、むしろこれを歴史の教訓として直視していきたい。われわれは、歴史研究、歴史教育を通じて、このような問題を永く記憶にとどめ、同じ過ちを決して繰り返さないという固い決意を改めて表明する。

なお、本問題については、本邦において訴訟が提起されており、また、国際的にも関心が寄せられており、政府としても、今後とも、民間の研究を含め、十分に関心を払って参りたい。

五　戦後五〇年国会決議と村山談話

1　戦後五〇年国会決議と右派の反対行動

戦後五〇年国会決議の提起

一九九四年六月三〇日、村山富市社会党委員長を首相とする社会党・自民党・さきがけ三党連立内閣が成立した。七月一二日に決定された三党の共同政権構想中には戦後五〇年国会決議構想が次のように記された。

「戦後五十年を契機に、過去の戦争を反省し、未来の平和への決意を表明する国会決議の採択などに積極的に取り組むための機関を国会および政府に設置する。戦後五十年を記念して平和のための国際貢献に役立つ記念行事を行う。」（和田春樹、石坂浩一、戦後50年国会決議を求める会、一一四頁）

八月一日に村山首相は翌年の戦後五〇周年に向けて取り組むべき対外的課題について談話を発表し

た。この談話の冒頭には次のようなことが述べられていた。

「我が国が過去の一時期に行った行為は、国民に多くの犠牲をもたらしたばかりでなく、アジアの近隣諸国等の人々に今なおいやしがたい傷あとを残している。私は、我が国の侵略行為や植民地支配などが多くの人々に耐えがたい苦しみと悲しみをもたらしたことに対し、深い反省の気持ちに立って、不戦の決意の下、世界平和の創造に向って力を尽くしていくことが、これからの日本の歩むべき針路であると考える。」（和田春樹、石坂浩一、戦後50年国会決議を求める会、一一五頁）

この文言によれば、村山はアジア・太平洋戦争を行った日本の国家は、日本の国民とアジア諸国民衆両者に対する加害者と認定したことになる。この観点がその後貫かれ深められていったのか、否かを追究しよう。

戦後五〇年国会決議に関する諸政党間の意見対立

一九九五年五月八日に村山首相（社会党委員長）、河野洋平外相（自民党総裁）、武村正義蔵相（さきがけ代表）たち与党三党の党首は、戦後五〇年国会決議に「植民地支配・侵略的行為の反省」という表現を盛り込むことで意見一致した。ただし河野は、「こうした表現について（中略）自民党内に異論もあることから、同党内で調整の必要があるとの見解を示した」（『読売新聞』一九九五年五月九日）。すでに行き先の暗雲がここに示唆されていた。

こうした状況なので、自民党は五月一七日に総務懇談会や内閣部会で本格的な党内調整を行ったが、「侵略行為への反省」という表現は使うべきでないという意見が相次いで現われる始末で、意見集約は難航気味だった（『朝日新聞』一九九五年五月一八日）。

一九九五年五月一八日、与党三党は「戦後五十年問題プロジェクトチーム」の会合を開き、戦後五〇年国会決議の内容について協議したが、意見は分かれた。社会党とさきがけは日本の植民地支配を「明記すべきだ」と主張したが、自民党は「欧米にも植民地支配はあった。わが国を一方的に断罪する決議はできない」と反論した（『毎日新聞』一九九五年五月一九日）。

五月三一日に「戦後五十年問題プロジェクトチーム」の与党三党の責任者協議に提出された第一次決議案が明らかになった（『毎日新聞』一九九五年六月一日）。それぞれの決議案とその特徴を挙げれば、次のようだった。

【自民党案】

「われわれは二度と戦争の悲劇をくり返してはならない」と書かれているが、日本が侵略戦争の主体だったことは記されず、日本の戦争責任が曖昧にされている。

【さきがけ案】

一九世紀後半の帝国主義的対立の中で、日本でも「軍国主義や超国家主義の風潮を許し、その結果、近隣諸国に対する侵略行為や植民地支配に走り、多くの国々に多大の損害を与えるとともに、自国民を含めた多くの人々に耐え難い苦痛を与えた」と記され、日本の国家が侵略や植民地支配によって近隣諸国に対する加害を行ったと同時に、自国民に対する加害者になったことが明記された。

【社会党案】

日本が「近隣アジア諸国民をはじめ、多くの国の人に筆舌に尽くし難い苦痛と悲しみを与えた」と述べた上で、さらに踏み込んで朝鮮に対する植民地支配や中国に対する侵略戦争を行ったことを記し、かつ「強制的に労役に駆り出された人々、従軍慰安婦とされた女性たちは、いまなお肉体的、精神的に耐え難い苦痛を余儀なくされている」と、朝鮮人・中国人強制労働や従軍慰安婦問題などに踏み込んでアジアに対する日本の加害の具体的様相が記された。

六月二日に三党それぞれの修正案が「戦後五十年問題プロジェクトチーム」の各党責任者会議に提出された。その特徴は次のようである。

【自民党修正案】

「列強が他国への侵略行為や植民地支配を競い合った一時期、わが国もその渦中にあって、自国の安寧を考え、多くの国々と戦火を交えた」と記され、日本が行った戦争を、世界の帝国主義的風潮の中で取った自国防衛の戦争のように描き、日本の植民地支配には言及されなかった。

【さきがけ修正案】

自民党の案の上記の部分に対して修正案を提示して、「顧みれば、列強が植民地支配を競い合った過去の一時期、わが国もまた植民地支配や侵略行為を行い、多くの国々、とりわけアジア諸国民に対し、筆舌に尽くし難い苦痛と悲しみを与えた」と記された。

【社会党修正案】

前回と同じく日本がアジアに対して行った侵略戦争と植民地支配が記されたが、朝鮮人や中国人の強制労働や従軍慰安婦に関する記述は削除された。自民党案との妥協を図ったのであろうか。

（修正案要旨は、和田春樹、石坂浩一、戦後50年国会決議を求める会、一三五〜一三六頁による）

戦後五〇年国会決議の阻止運動

戦後五〇年国会決議への動きは、これを阻止しようとする反動を生み出した。

一九九四年一二月一日、戦後五〇年国会決議に反対する自民党国会議員が参加して、「終戦五十周年国会議員連盟」が結成された。その結成趣意書には、今日の日本の平和と繁栄は「ひとえに、昭和の国難に直面し、日本の自存自衛とアジアの平和を願って尊い生命を捧げられた二百万余の戦没者のいしずえのうえに築かれたことを忘れることはできません」と書かれていた。つまり、アジア・太平洋戦争を、自衛とアジアの平和のための戦争として肯定し、日本人戦死者をこの目的のために生命を捧げた殉国者として顕彰するものであった。

趣意書はこのような戦争観に立って、「先の大戦について、改めて我が国が国際社会の中で後世に歴史的禍根を残すような国会決議を行うことは、決して容認できることではなく……」と、戦後五〇年国会決議に真っ向から反対の意志を表明した。

連盟の会長は奥野誠亮、事務局長は板垣正。安倍晋三は昇格して事務局次長に就任した。会員は一九九五年五月一〇日現在、衆議院議員一四〇名、参議院議員七一名、合計二一一名だった（和田春樹、石坂浩一、戦後50年国会決議を求める会編、九一〜九三頁）。

同連盟は一九九五年一月三一日、自民党本部で初めての総会を開催し、戦後五〇年国会決議に対して「反戦・贖罪や不戦の決議は、戦後の歪められた歴史認識の是認を意図するものであり、わが国の前途に禍根をもたらすものとして是認できない」と決めつけた（『朝日新聞』一九九五年二月一日）。

二月二一日には新進党内にも国会決議に反対する「正しい歴史を伝える国会議員連盟」が組織された。その設立趣意書によると、国会決議に反対する理由は、決議を採択するほどに戦争について歴史は解明されてなく、また講和条約で賠償と謝罪を済ませたのにもかかわらず、「この時期に『謝罪』するとは、先人たちの努力と名誉を踏みにじるものであり、また私たちが残虐非道な民族であるというレッテルを未来永劫にわたって背負うことに他なりません」ということだった。

会員は一九九五年四月二〇日現在、衆議院議員三〇名、参議院議員一一名、合計四一名だった（和田春樹、石坂浩一、戦後50年国会決議を求める会、九四〜九五頁）。

二月二二日には東京都千代田区の千代田公会堂で、「不戦・謝罪決議反対の国会議員を激励する集会」が開催され、自民党の国会議員六名、新進党の国会議員三名が演説をした。「終戦五十周年国会議員連盟」会長奥野誠亮は、「中国、韓国への迎合的姿勢もほどほどにせよ」と説き、同会事務局長板垣正は、戦後五〇年国会決議を「国家の名誉を傷つけ、英霊を冒瀆する決議」だと非難し、アジア・

太平洋戦争は「日本が生き抜くための自存・自衛の戦いであったことは明白」と主張した。新進党の「正しい歴史を伝える国会議員連盟」事務局長の西村真悟は、「この会をつくったのは不戦決議を阻止して日本民族の誇りを取り戻すため」と言った（和田春樹、石坂浩一、戦後50年国会決議を求める会、一〇六頁）。

三月一六日には国会決議に反対する民間団体である「終戦五十周年国民委員会」は、東京都千代田区永田町の憲政記念館で開催した緊急集会で、謝罪、不戦の国会決議反対の署名が四五六万人分に達したことを明らかにした。また同会はこれを国会に請願する際に、紹介者になることに同意した国会議員は二七三人に上ることを明らかにした（『読売新聞』一九九五年三月一七日）。

歯切れが悪い衆議院の戦後五〇年国会決議の採択

ともあれ、六月九日に戦後五〇年国会決議は、「歴史を教訓に平和への決意を新たにする決意」と題して衆議院本会議で採択された。この決議では、アジア・太平洋戦争は次のように描かれた。

「世界の近代史上における数々の植民地支配や侵略行為に思いをいたし、我が国が過去に行ったこうした行為や特にアジア諸国民に与えた苦痛を認識し、深い反省の念を表明する。」

（和田春樹、石坂浩一、戦後50年国会決議を求める会、一三七頁）

「世界の近代史上における数々の植民地支配や侵略行為に思いをいたし」という文言は、日本だけが植民地支配や侵略行為したのではない、つまり悪いことをしたのは俺だけではないという与太者めいた文言である。これは自民党の意向が取り入れられたのであろう。日本人戦死者は国に生命を捧げた殉国者なのか、それともアジアに対する加害者の役割を背負ったのか、それらの意味づけは一切言及されなかった。

出席して賛成した議員は、自民党、社会党、さきがけの衆議院議員二三〇名だった（和田春樹、石坂浩一、戦後50年国会決議を求める会、一三八頁）。衆議院議員総数は五〇九名だから、出席賛成議員はその半数にも達しなかった。

共産党議員一四名は出席して反対した（和田春樹、石坂浩一、戦後50年国会決議を求める会、一三八頁）。この日の夜、共産党委員長不破哲三は、緊急記者会見で国会決議に反対した理由を次のように述べた。

「なかでも日本は、一九三一年に〝満州事変〟という形で中国への侵略を開始し、第二次世界大戦にいたる侵略戦争の火ぶたを切った国として、とりわけ重大な責任をもっています。『列強がみなやったじゃないか』ということで、日本の侵略国家としての重大な役割と責任を『国会決議』で免罪するということは、まさに、戦後政治の原点をくつがえすものと、いわなければなりません。」

（『赤旗』一九九五年六月一〇日）

欠席者は二四九名以上に達した。この中には「終戦五十周年国会議員連盟」事務局次長安倍晋三もいた。

ついでに言えば、安倍は教科書に従軍慰安婦が登場したことに反対して一九九七年二月二七日に組織された「日本の前途と歴史教育を考える若手議員の会」の事務局長に就任した（日本の前途と歴史教育を考える若手議員の会、五一六頁）。安倍は、アジアに対する侵略や植民地支配に対する反省や謝罪に関して常に一貫して反対してきた人物である。このことは銘記しておかなければならない。

村山富市の回想によると、「社会党内からも修正や妥協したことが不満だといって欠席者が出た」（薬師寺克行、二一五頁）。社会党員の欠席者は一四名だった（和田春樹、石坂浩一、戦後50年国会決議を求める会、一二八頁）。

参議院では決議がなされずに終わった。戦後五〇年決議はかろうじて成立したが、決議の内容も、決議賛成議員の人数も、惨憺たる結果に終わった。これは戦前に日本が行った侵略戦争と植民地支配の遺産の清算・克服が極めて困難であることを明白に示したものであった。

2　村山首相の全国戦没者追悼式の式辞と戦後五〇年談話

村山首相の一九九四年および一九九五年八月一五日の全国戦没者追悼式の式辞

村山首相は一九九四年八月一五日の全国戦没者追悼式の式辞で、日本とアジアの戦死者について次のように言及した。

「あの苛烈を極めた戦いの中で、祖国の安泰を願い、家族を案じつつ、戦場に、職域に、あるいは戦災に倒れ、さらに戦後、遠い異郷の地に亡くなられた三百万余の戦没者の方々を思うとき、悲痛の思いが胸に迫るのを禁じ得ません。心から御冥福をお祈りいたします。

また、あの戦いは、アジアを始めとする世界の多くの人々に、筆舌に尽くし難い悲惨な犠牲をもたらしました。その方々の苦しみと悲しみに対しましても深く思いを致し、深い反省とともに謹んで哀悼の意を表したいと思います。」（厚生労働省所蔵文書）

彼の翌一九九五年八月一五日の全国戦没者追悼式の式辞は次のようで、前年の文章の趣旨と変わりはない。

「あの苛烈を極めた戦いの中で、祖国の安泰を願い、家族を案じつつ、戦場に、職域に、あるいは戦災に倒れ、さらに戦後、遠い異郷の地に亡くなられた三百万余の戦没者の方々を思うとき、悲痛の思いが胸に迫るのを禁じ得ません。心から御冥福をお祈りいたします。

また、あの戦いは、多くの国々、とりわけアジアの諸国民に対しても多くの苦しみと悲しみを与えました。私は、この事実を謙虚に受け止めて、深い反省とともに謹んで哀悼の意を表したいと思います。」（厚生労働省所蔵文書）

これらの追悼の辞は、細川首相の追悼の辞と同じく、日本人戦死者のみならず、他国、とくにアジアの戦争犠牲者に対しても哀悼の意を表したが、やはり日本人戦死者は祖国の安泰を願っていたとして彼等を殉国者視して顕彰する性格を残した。村山首相は一九九四年七月二〇日に開催された衆議院本会議で代表質問に対する質問に答えて、「私としては、専守防衛に徹し、自衛のための必要最小限度の実力組織である自衛隊は、憲法の認めるものであると認識するものであります」と、それまでの社会党の自衛隊違憲論を否定して、自衛隊を合憲と認定した。「軍備の根底たる愛国心」の必要を認めた以上、国家に対する自衛隊員の忠誠心を否定できないので、日本人戦死者を殉国者と意味づけざるを得なかったのであろうか。

戦後五〇年村山談話

ところが、一九九五年八月一五日に彼が発表した「戦後五十年に際しての談話」中のアジア・太平洋戦争に言及した文言は次のようで、これと全国戦没者追悼式での式辞とは色彩を異にした。

「わが国は、遠くない過去の一時期、国策を誤り、戦争への道を歩んで国民を存亡の危機に陥れ、植民地支配と侵略によって、多くの国々、とりわけアジア諸国の人々に対して多大の損害と苦痛を与えました。私は、未来に過ち無からしめんとするが故に、疑うべくもないこの歴史の事実を謙虚に受け止め、ここに改めて痛切な反省の意を表し、心からのお詫びの気持ちを表明いたします。また、この歴史がもたらした内外すべての犠牲者に深い哀悼の念を捧げます。」

（内閣総理大臣官房、一九九八年、三一六頁）

以上のように戦後五〇年村山談話は、日本の国家が戦争により自国民とアジア諸国民両者に対して加害行為をしたと認めて、首相として「お詫び」、つまり謝罪の意を表した。

「村山さんとしては、この国会決議の結果を見て総理談話できちんと日本政府としての考えを打ち出そうと頭を切り替えたのですか」という薬師寺克行の質問に対して、村山は「それはそうじゃな。やっぱり国会決議を見て、このままではせっかく国会が決議したにも拘らず、衆院議員の過半数が賛成していないのだから意味がないばかりか逆にマイナスになってしまう。だから正式にきちっと総理談話を出そうと思ったな」と答えている（薬師寺克行、二一六～二一七頁）。

しかし、村山談話にはもう一つの動機があった。彼は総理になってから、一九九四年、一九九五年に中国や韓国、ASEAN諸国など東南アジアを訪問して談話の発表の必要を感じたという。村山はその理由は次のように言った。

「特に韓国と中国は、歴史問題に対する認識の問題で要求が強かった。戦争に対する謝罪について『日本はぜんぜん謝罪していない』『戦争の後始末の償いもしていない』という声がずっと耳に入って来た。

当時、ASEAN諸国は戦後のあの廃墟の中から短時日に世界第二の経済大国になった日本に対する評価が非常に高くて敬意を払っていた。（中略）だけども腹の底ではやはり歴史問題について不満を持っているわけじゃ。さらに、露骨には言わないけれども日本は経済大国になったが、また軍事大国になって過ちを繰り返さなきゃいいが、と言う不安を持っているんだ。

だからそういういろんなことを踏まえると、やっぱりこれは五〇年の節目に一応けじめをつけておく必要があると思っていた。これから日本はアジアの一員として生きていき、またアジアに存在感を示していくためには、アジア諸国との信頼関係がないとだめだ。だから談話を出した方がいいんじゃないかと考えていた。」（薬師寺克行、二一四頁）

薬師寺克行が「ずいぶん現実的な観点から考えていらしたんですね。これは国会決議も同じ理由ですか」と質問すると、村山は「もちろん、国家決議も同じ理由で必要だとして与党三党が合意したわけだ」と答えている（薬師寺克行、二一五頁）。

つまり、村山の発想は「日本がアジアの一員として生きていき、またアジアに存在感を示していくため」という、日本国家の外交を支障なく行うための政治的配慮から発しているのであって、それ以上のものではない。

自己の夫の戦死がいわゆる犬死に、つまり侵略戦争に動員された結果としての無意味な死だったことを認識し、しかも自己の夫との愛別離苦を媒介にして日本軍によって殺されたアジアの死者の遺族たちの愛別離苦に想いを致した小栗竹子や石崎キクの思想ほどの深い内面性は村山談話には見られない。

日本国家が日本民衆を侵略戦争に動員して無意味な死を強いたことへの深い反省がなく、反省がアジアに対する外交上の配慮に止まる限り、深い反戦・平和の思想は確立しない。

日本の首相は、日本の国家が日本の民衆を侵略戦争に動員して無意味な死を強いてしまったことを認めて謝罪しなければならない。それによって反戦・平和のための日本の国家の思想的立脚点が確立される。単に村山談話を継承すれば、それで良いというような問題ではない。村山談話はなお一層深められねばならない。

3　橋本、小渕、森首相たちの村山談話の継承の内実

橋本龍太郎首相の曲折した言動

村山の首相辞任後、一九九六年一月一一日に橋本龍太郎を首相とする自民党内閣が発足した。橋本は七月二九日に靖国神社に参拝した。記者団に公私いずれの資格かを問われても、「その質問自体が馬鹿げている」と言い、「内閣総理大臣橋本龍太郎」と記帳したことを明らかにした。

彼は参拝の理由については、この日が自己の誕生日であることを挙げたほか、「（戦争中に）いとこが、あそこ（靖国神社）に帰ってくると言って出撃したのだから」と述べた（『朝日新聞』一九九六年七月

二九日夕刊)。

彼は一九九三年五月二七日から一九九五年一〇月三一日の間、日本遺族会の会長に就任し、前述のようにアジア・太平洋戦争を侵略戦争と認定した細川発言を非難した人物である。しかし翌一九九七年七月には、靖国神社参拝について「この仕事には私人というものはない、ということを知った」と述べ、首相に在任中は靖国神社参拝を見送ることにした(『朝日新聞』一九九七年八月一五日夕刊)。

橋本は、一九九六年八月一五日の全国戦没者追悼式の式辞では、日本人戦死者を殉国者視した追悼の辞を次のように述べた。

「あのか烈を極めた戦いの中で、祖国の安泰を願い、家族を案じつつ、戦場に散り、戦禍に倒れ、あるいは戦後、遠い異郷の地に亡くなられた三百万余の戦没者の方々のご心情に思いをはせ、残されたご遺族の深い悲しみを思うとき、悲痛の思いが胸に迫るのを禁じ得ません。心から御冥福をお祈りいたします。」

そして他方では「あの戦いは、多くの国々、とりわけアジアの諸国民に対しても多くの苦しみと悲しみを与えました」とアジアに対する日本の加害を認め、アジアの死者に「謹んで哀悼の意を表したいと思います」と言った(『朝日新聞』一九九六年八月一五日夕刊)。

翌一九九七年八月一五日の全国戦没者追悼式の式辞でも、彼は前年と同様に日本人戦死者について「祖国の安泰を願い、家族を案じつつ、戦場に散り」と殉国者視し、他方では「あの戦いは、わが国のみならず、取り分けアジア近隣諸国に対しても多くの苦しみと悲しみを与えました」と、アジア・太平洋戦争が自国とアジア諸国に対する加害行為だったことを認めた（『朝日新聞』一九九七年八月一五日夕刊）。

アジア・太平洋戦争を日本の侵略戦争と認めた細川発言を激しく非難し、日本人戦死者を天皇制国家に対する殉国者として顕彰する靖国神社に参拝する橋本も、首相の地位に就任してみれば、自己の本心を隠して外交上の配慮からアジア・太平洋戦争を日本の侵略戦争と言わざるを得なかったことを示している。そのような橋本では、村山談話を更に乗り越えることができないのは、当然である。

小渕恵三首相や森喜朗首相の式辞にも見られる問題点

一九九八年八月一五日の全国戦没者追悼式の小渕恵三首相の式辞も、「あの戦いは、わが国のみならず多くの国々、とりわけアジア近隣諸国に対しても多くの苦しみと悲しみを与えることになりました」と、やはりアジア・太平洋戦争が自国とアジア諸国に対する加害行為だったことを認め、哀悼の意を表した（『朝日新聞』一九九八年八月一五日夕刊）。

彼は翌九九年八月一五日の全国戦没者追悼式の式辞でも「あの戦いは、わが国のみならず、多くの国々、とりわけアジア近隣諸国に対しても多くの苦しみと悲しみを与えました」と述べて哀悼の意を表した（『朝日新聞』一九九九年八月一五日夕刊）。

しかし、小渕は一九九八年八月一五日の式辞でも、翌九九年八月一五日の式辞でも、日本人戦死者について「祖国の安泰を願い……」と述べ、彼等を殉国者視した。

森喜朗首相は、二〇〇〇年八月一五日の全国戦没者追悼式では、日本人戦死者については「祖国を思い、……」と彼等を殉国者視した。彼は戦後五〇年国会決議に反対した「終戦五十周年国会議員連盟」の会員だったが（和田春樹、石坂浩一、戦後50年国会決議を求める会、九二頁）、この式辞では「あの戦いは、わが国のみならず多くの国々、とりわけアジアの近隣諸国に対しても多くの苦しみと悲しみを与えました」と述べた（『朝日新聞』二〇〇〇年八月一五日夕刊）。

森も、橋本と同じくアジア・太平洋戦争を日本の侵略戦争と見なしてはいないのだが、首相に就任すると、本音を隠して外交上の配慮からアジア・太平洋戦争を日本の侵略戦争と見なす式辞を述べたのであろう。

以上のように、小渕、森の両首相も一応村山談話を継承して、アジア・太平洋戦争によって日本の国家が日本・アジアの諸国に対して加害行為をしたことを認めた。

ただし、村山談話は「わが国は（中略）戦争の道を歩んで……」と、日本・アジアの諸国民両者に対して加害行為をした戦争の主体が日本の国家であることを明確にしたが、両首相は橋本首相と同じく「あの戦いは」と表現して、戦争を起した主体である日本国家の存在を曖昧にしてしまった。そして日本人戦死者を殉国者視する見解を依然として続けた。

しかも、この期間に重大な問題が起こった。すなわち、従来は全国戦没者追悼式の会場への天皇・皇后の入場・退場時に君が代を演奏するに止まっていたのだが、一九九九年八月一五日の全国戦没者追悼式からは、この年の八月一三日の「日の丸・君が代を国旗・国歌とする法律」の公布を受けて、天皇・皇后の入場後に君が代を斉唱することになったのである（『朝日新聞』一九九九年八月一六日夕刊）。

こうした儀式の強化によって、情緒的に国家への無条件の忠誠心を民衆に注入することが図られた(1)。こうしたところにも全国戦没者追悼式の目的が、実は戦死者に対する追悼以外にあることを示している。

〔注〕

（1）清水幾太郎は、国家に対する忠誠心を情緒的に民衆に植えつける儀式や行事の独特な機能を左記のように指摘した。これは適切な指摘である。今日、北九州市、東京都、神奈川県、大阪府などが、教員に卒業式や入学式の際の君が代斉唱、日の丸掲揚を強制しているのも、儀式によって国家に対する被教育者の忠誠心を植え付けようとしているからである。

「宗教は幾世紀の久しきに亙って存続し、莫大な信者を獲得して行くのには、多くの儀式や行事を備えねばならぬ。儀式や行事によって絶えず人間の感覚、感情、想像に訴え、また外的な規律によって生活に食い入る時、それは特殊な精神的能力を持たぬ人々の内部へ入り込む機会を得る。眼に見えぬものが眼に得るものになり、抽象的なものが具体的になる。祖国は、その力、生命、完全性などにおいて神に似るのみでなく、肉眼で一挙に捕らえることが出来ぬ点において神に似る。神と同様に、祖国もまた種々の儀式や行事を伴うことによって民衆から最高の忠誠と奉仕とを要求することが出来るのである。」（清水幾太郎、八九頁）

私は清水が「祖国」といったものを、非政治的な「祖国」という外形をまとった政治機構である「国家」と言い換えて、この清水の見解に賛成する。

六　小泉純一郎首相の靖国神社参拝と日本人戦死者の積極的顕彰の復活

1　小泉首相の靖国神社参拝

小泉自民党総裁候補の靖国神社参拝の公約

小泉純一郎は、二〇〇一年四月一八日に日本記者クラブが主催した自民党総裁選への立候補者公開討論会に際して靖国神社参拝問題について、次のように発言した。

「八月一五日に参拝するかどうかで批判の対象になる。貴い命を犠牲に日本のために戦った戦没者たちに敬意と感謝の誠をささげるのは政治家として当然。まして、首相に就任したら、八月一五日の戦没者慰霊の日にいかなる批判があろうと必ず参拝する。」（『朝日新聞』二〇〇一年四月一九日）

この頃、小泉は日本遺族会幹部に電話し、「総裁になったら、必ず八月一五日に靖国神社に参拝します」と伝えたという（『毎日新聞』二〇〇五年六月一二日）。

一説によれば、日本遺族会副会長の尾辻秀久は、小泉に対して「終戦記念日に靖国神社に参拝すれば、日本遺族会はあなたを応援します」と言ったという（上杉隆、二二頁）。いずれにしても、元日本遺族会会長の橋本龍太郎も立候補していたので、小泉はこれに対抗して日本遺族会に所属する自民党員の票を自己に集中させるには、日本遺族会と関係を結ぶことが必要だったに違いない。

四月二四日に自民党総裁選が行われた。橋本龍太郎の得票数は一五五票だったが、小泉の得票数は全体の六割にあたる二九八票もあって、小泉が当選し（『朝日新聞』二〇〇一年四月二五日）、四月二六日に首相に就任した。

小泉が首相として在任中に靖国神社に参拝したのは左記の日である。そのうち公約どおりに八月一五日に靖国神社に参拝したのは二〇〇六年八月一五日のみで、その他は八月一五日以外の日に参拝した。これは中国や韓国の厳しい批判を無視できなかった結果である。しかし、ともかく毎年靖国神社に参拝した。

二〇〇四年四月七日に福岡地裁は、二〇〇一年八月一三日に行われた小泉の靖国神社参拝の「直後の終戦記念日には、前年の二倍の以上の参拝者が靖国神社に参拝し、閉門時間が一時間延長されたこと」を踏まえて、小泉の靖国神社参拝の「その効果は、神道の教義を広める宗教施設である靖国神社を援助、助長、促進するものというべきである」と認定し、「憲法第二十条三項によって禁止されている宗教活動に当たると認めるのが相当である」という違憲判決を下した（小泉首相靖国神社参拝違憲九州・山口訴訟団、二五〇頁)。

しかし小泉は、これを無視してその後も参拝を続けた。

《小泉首相の靖国神社参拝の年月日》

二〇〇一年　八月一三日

二〇〇二年　四月二一日　春季例大祭の初日

二〇〇三年　一月一四日

二〇〇四年　一月　一日

二〇〇五年　一〇月一七日　秋季例大祭の初日

二〇〇六年　八月一五日

小泉首相の日本人戦死者の殉国者としての顕彰

小泉は、四月二四日に自民党総裁に当選した直後の記者会見でも、「日本の発展は貴い犠牲の上に成り立っている。戦没者慰霊祭の日は、そういう純粋な気持ちを参拝で表すのは当然ではないか」と改めて靖国神社参拝に意欲を示した(『朝日新聞』二〇〇一年四月二五日)。

五月一四日に開催された衆議院予算委員会では、靖国神社参拝論を次のように述べた。

「私は、厚生大臣在任当時も厚生大臣として靖国神社に参拝いたしました。千鳥ケ淵戦没者墓苑にも参拝いたしました。もちろん、武道館で行われました政府主催の慰霊祭、追悼式にも参列いたしました。私は、戦後、今日の平和と繁栄の基礎は、あの大戦でとうとい命を犠牲にされた、あの犠牲の上に築かれているのではないかという思いから、総理大臣に就任しても靖国神社に参拝するつもりであります。（中略）

私は今まで自分の気持ちとして、まず、二度と戦争を起してはいけないという気持ちから、そして、本人は本来戦場に行きたくなかっただろう、しかし、家族のことを思い、国のことを思い行かざるを得なかった、ああいう方々のとうとい気持ちというものに対して心から敬意と感謝をささげたいという気持ちで行ってきたわけでありますし、これからも、そのつもりで総理大臣として靖国神社に参拝するつもりであります。

その際、どういう批判があろうと、これは日本人としての気持ちは、宗教とかそういう関係はありません、自然な人間の気持ちではないか。それを、よそから批判されてなぜ中止しなきゃならないのかというのがいまだに理解に苦しむわけであります。」

これはまことに強気な発言である。しかし日本国家によって侵略戦争に動員されて戦死した者に対して敬意と感謝をささげることは、再び戦争を促すだけであって、戦争の抑止には到底ならない。しかし小泉はこの点に全く無頓着である。

彼の強気にもかかわらず、実際に八月一五日に参拝したのは、前述のように首相任期の最後の年である二〇〇六年のみだった。

前述のように、これは中国や韓国などからの批判が強く作用した結果だった。すでに彼が自民党総裁に当選したその日に中国外務省副報道局長の章啓月は「日本の要人の靖国神社参拝には一貫して反対だ。中国人民を含めてアジアの人々の感情を傷つけて欲しくない」と発言し、韓国の与党新千年民主党も日本の右傾化を憂慮する声明を出した（『朝日新聞』二〇〇一年四月二五日）。

二〇〇一年の参拝に関しては、福田康夫官房長官が「ここは中国に配慮して一六日以降にずらしてはどうかという人もいるが、どうか」と言った。中国側は、七月に訪中した与党幹部を通じて、A級戦犯を追悼するものではないことを明確にすると同時に、参拝時期を一六日以降にずらすことなどを非公式に求めた。また八月一〇日夜に与党三党、すなわち自民党、公明党、保守党の幹事長がそろって首相公邸を訪れ、小泉に対して近隣諸国に配慮して慎重な対応をするように求めた（『朝日新聞』二〇〇一年八月一四日）。

小泉がこうした状況のために二〇〇一年には、予定した八月一五日をずらして一三日夕方に怒号と万歳が入り混じる中で靖国神社に参拝したが（『毎日新聞』二〇〇一年八月一四日）、それでも中国政府は厳しく批判した。中国外務省の王毅次官は一三日に阿南惟茂大使を同省に呼び、小泉が一五日をはずして参拝したことに一定の理解を示したが、しかし「中国政府、国民は強烈な不満と憤慨を表明する」と言った。韓国政府もこの日に「繰り返し憂慮を伝えたにもかかわらず、小泉首相が日本の軍国主義の象徴である靖国神社に参拝したことに深い遺憾を表す」という外交通商省スポークスマン声明を出した（『朝日新聞』二〇〇一年八月一四日）。

小泉にはアジア・太平洋戦争に対する反省があるようでいて、実は真の反省は全くない。そのことを彼の発言で検討しよう。彼は二〇〇一年には八月一三日に靖国神社に参拝し、長文の談話を発表した。その談話の中でアジア・太平洋戦争について次のように述べた。

「この大戦で、日本は、わが国民を含め世界の多くの人々に対して、大きな惨禍をもたらしました。とりわけ、アジア近隣諸国に対しては、過去の一時期、誤った国策にもとづく植民地支配と侵略を行い、計り知れぬ惨禍と苦痛を強いたのです。それはいまだに、この地の多くの人々の間に癒しがたい傷痕となって残っています。」（『朝日新聞』二〇〇一年八月一四日）

以上のように、彼も村山談話と同じく、日本がアジアに対して行った侵略と植民地支配という加害行為を認めているのである。そうだとすれば、このために動員された日本人民衆は、戦争の被害者であるのみならず、アジアに対する日本の国家の加害行為の加担者という悲しむべき役割を負わされたことになり、彼等は敬意と感謝の対象となるものではない。国家の代表者としては、日本国家が日本民衆をそのような悲運に追い込んだことに対して謝罪すべきである。

しかし、小泉は二〇〇一年八月一五日の全国戦没者追悼式の式辞でも、「先の大戦において、我が国は、多くの国々、とりわけアジア諸国の人々に対して多大の損害と苦痛を与えました」と、日本のアジアに対する加害を認めながら（『朝日新聞』二〇〇一年八月一五日夕刊）、次のように日本人戦死者に対して敬意と感謝の意を表した。

「あの苛烈を極めた戦いの中で、三〇〇万余の方々が、祖国を思い、家族を案じつつ戦場に散り、戦禍に倒れ、あるいは戦後、遠い異郷の地に亡くなられました。これら戦没者の方々に思いを馳せ、ここに心から御冥福をお祈りします。そして、現在我々が享受している平和と繁栄が、祖国のために心ならずも命を落とされた戦没者の犠牲の上に築かれていることに思いを致し、戦没者の方々に敬意と感謝の誠を捧げたいと思います。」（同上『朝日新聞』）

小泉は二〇〇二年八月一五日の全国戦没者追悼式から二〇〇五年八月一五日の全国戦没者追悼式まで、毎回アジアの犠牲者に対して哀悼の念を表しながら、他方日本人戦死者に対しては感謝と敬意を表する式辞を繰り返した。ただし、どういうわけか、二〇〇六年八月一五日の全国戦没者追悼式の式辞では日本人戦死者に対する感謝と敬意を表す言葉はなかった。(1)

〔注〕

（1）二〇〇二年八月一五日の全国戦没者追悼式から二〇〇六年八月一五日の全国戦没者追悼式まで、毎年小泉の追悼の辞でアジア・太平洋戦争に言及した部分は下記のようである。

【二〇〇二年八月一五日の全国戦没者追悼式の式辞】

苛烈を極めた戦いの中で、三〇〇万余の方々が、祖国を想い、家族を案じつつ戦場に散り、戦禍に倒れ、あるいは戦後、遠い異郷の地に亡くなりました。私たちは、現在享受している平和と繁栄が、戦争によって心ならずも命を落とした方々の犠牲の上に築かれていることを、ひとときも忘れることはできません。戦没者の方々の御冥福を心からお祈り申し上げるとともに、哀心より敬意と感謝の誠を捧げます。

また、先の大戦において、我が国は、多くの国々、とりわけアジア諸国の人々に対して多大の損害と苦痛を与えました。国民を代表して、ここに改めて深い反省を表するとともに、犠牲となられた方々に謹んで哀悼の念を捧げます。国民を代表して、ここに深い反省の念を新たにし、謹んで哀悼の意を表します。」

（『朝日新聞』二〇〇二年八月一五日夕刊）。

【二〇〇三年八月一五日の全国戦没者追悼式の式辞】

苛烈を極めた戦いの中で、三〇〇万余の方々が、祖国を想い、家族を案じつつ戦場に散り、戦禍に倒れ、あるいは戦後、遠い異郷の地に亡くなりました。私たちは、現在享受している平和と繁栄が、戦争によって心ならずも命を落とした方々の犠牲の上に築かれていることを、ひとときも忘れることはできません。戦没者の方々の御冥福を心からお祈り申し上げるとともに、哀心より敬意と感謝の誠を捧げます。

また、先の大戦において、我が国は、多くの国々、とりわけアジア諸国の人々に対して多大の損害と苦痛を与えました。国民を代表して、ここに改めて深い反省の念を新たにし、犠牲となった方々に謹んで哀悼の意を表します。」（『朝日新聞』二〇〇三年八月一五日夕刊）

【二〇〇四年八月一五日の全国戦没者追悼式の式辞】

先の大戦では、三百万余の方々が、祖国を想い、家族を案じつつ戦場に散り、戦禍に倒れ、あるいは戦後、遠い異境の地に亡くなりました。終戦から、五十九年の歳月が過ぎ去りましたが、今日の平和と繁栄は、戦争によって心ならずも命を落とした方々の犠牲と、戦後の国民のたゆまぬ努力の上に築かれています。戦没者の方々の御冥福を心からお祈り申し上げるとともに、哀心より敬意と感謝の誠を捧げます。

先の大戦において、我が国は、多くの国々、とりわけアジア諸国の人々に対して多大の損害と苦痛を与えました。国民を代表して、深い反省とともに、犠牲となった方々に謹んで哀悼の意を表します。」

（厚生労働省所蔵文書）

【二〇〇五年八月一五日の全国戦没者追悼式の式辞】

先の大戦では、多くの方々が、祖国を想い、家族を案じつつ、心ならずも戦場に散り、戦禍に倒れ、あるいは戦後、遠い異境の地に亡くなられました。この尊い犠牲の上に、今日の平和が成り立っていることに思いを致し、衷心から敬意と感謝の誠を捧げます。

先の大戦において、我が国は、多くの国々、とりわけアジア諸国の人々に対して多大の損害と苦痛を与えました。内外の戦役者及び犠牲者の御冥福を心よりお祈り申し上げます。（厚生労働省所蔵文書）

【二〇〇六年八月一五日の全国戦没者追悼式の式辞】

先の大戦では、多くの方々が、戦場に散り、戦禍に倒れ、あるいは戦後、遠い異境の地に亡くなりました。また、我が国は、多くの国々、とりわけアジア諸国の人々に対して多大の損害と苦痛を与えました。国民を代表して、深い反省とともに、犠牲になった方々に謹んで哀悼の意を表します。

（厚生労働省所蔵文書）

2 自衛隊に対する日本人民衆の積極的支持を引き出すための小泉首相の日本人戦死者顕彰

自衛隊に対して敬意を持つような憲法を——小泉首相の憲法改定論

小泉が日本人戦死者に対する敬意と感謝の表明に固執した原因は何か。それは日本の軍事大国化に伴い、自衛隊に対する日本人民衆の積極的支持を獲得しようとしたからに他ならない。

小泉は、自民党総裁に選出された二〇〇一年四月二四日の記者会見に際し、憲法九条に関して「将来改正すべきだと思っている」と明言し、かつ「自衛隊は軍隊でないという部分は不自然だ。どの国も軍隊を持っている。侵略の抑止力として必要だ。解釈によって自衛隊が憲法違反だと取れるようなものはおかしい」と述べ、さらに「誰もが、いざという場合には命を捨てる者に対して敬意を持つような、憲法違反だといわれないような憲法を持った方がいい」と語った（『朝日新聞』二〇〇一年四月二五日）。

二〇〇三年五月二〇日に開催された参議院武力攻撃事態への対処に関する特別委員会でも、小泉は、自衛隊に対して敬意と感謝を持てるような環境を作るのが政治として大事だと、次のように発言した。「私は、まずアメリカが守ってくれる、同盟国だから守るのは当然だと考える前に、日本もアメリカの信頼に足る同盟国でなくてはならない、そういう意識を平時からも持って、自衛隊に対しても、いざという場合に怠りない訓練と修養、国民が自衛隊に対して支援すると。自分たちができないことに対して、きつい仕事、危険な仕事をあえて自衛隊の諸君はやってくれるんだという敬意と感謝を持てるような環境を作るのが政治として大事だと思っております。」

つまり、彼がアジア・太平洋戦争戦死者に対して敬意と感謝を示したのは、日本人民衆が現在の自衛隊に対して、敬意と感謝を持てるような環境づくりの一環だったのである。

田村秀昭が「命を懸けて国を守る人たちの最高位にある人たち、あるいは自衛官の人たちにどうして歴代の政権というのはもっとそういうものを大切にすることをしないのか」と質問すると、小泉は次のように答えた。

「これは、日本国民として自衛隊に対して何か他の国と違って特別の感情を持っている、言わば自衛隊を軍隊として認めたがらない、これはやっぱり戦争の経験が大きく影響していると思います。

言わば、これは私自身の考えでございますが、戦争中、いわゆる第二次世界大戦において、日本の軍隊に対して多くの国民が、日本の国民を守ってくれるという感情以上に日本国民を抑圧したという気持ちを持っているんだと思います。（中略）日本は、第二次世界大戦、これにおいて指導部は過酷な要求を一般国民に押し付けたんじゃないかと。軍隊も、アメリカの軍隊と比べると、輸送とか補給とか装備とかに加えて、充分な手当てをしなかったんじゃないかと。あるいは、特攻隊というような、若き青年たちに非情な要求をしてあのような貴重な命を散らしたと。これはやっぱり軍隊を持ったからだという、軍隊に対する反感がよその国よりも非常に強いんだと思います。

そういう戦争体験、軍隊に対する一つのアレルギー、これが今まで、戦後、防衛論争、憲法論争には強くにじみ出ている。だからこそ、自衛隊と言う組織に対しても、軍隊としてなかなか認めたがらない。（中略）

今、田村議員が指摘したような、事に臨んで身を挺して危険を顧みず任務を遂行する自衛隊諸君に対して、正当なる名誉と地位を与える機運が盛り上がってくることを期待しております。」

つまり、小泉は「自衛隊諸君に対して、正当なる名誉と地位を与える機運が盛り上がってくること」を目指してアジア・太平洋戦争の日本人戦死者へ敬意と感謝を表し続けたのであった。

二〇〇一年九月一一日にアメリカで四機の旅客機がハイジャックされ、二機はニューヨークの世界貿易センターに突入し、一機はワシントンの国防総省に突入し、一機はピッツバーグ近郊に墜落した。米国のブッシュ大統領は一五日にイスラム過激派のオサマ・ビンラディンをこの同時多発テロの主要な容疑者と認定し、二〇日の議会演説でアフガニスタンのタリバーン政権に対して、ビンラディンとその組織の全幹部の引き渡し、その他を求め、かつ国際テロ組織を壊滅するために軍事力をはじめあらゆる武器を使うことを明らかにした。彼はさらに一〇月七日にアフガニスタンに対する報復戦争開始を宣言し、国際テロ組織を壊滅するために軍事力だけでなく、外交、情報、司法、金融面での影響力など、あらゆる「武器」を使うことを明らかにした。翌日軍事攻撃が開始された。

小泉首相は九月二四日にアメリカに赴き、その夜にワシントンで行った記者会見で、危険であっても自衛隊の海外派兵を断行すると、次のように明言した。

「これまでは自衛隊は危険なところには出さないという観念できたが、もう安全なところはなくなった。日本にいても安全じゃない。危険なところに出してはいけないでは、もう話にならない。武力行使はしないが、自衛隊に活動してもらうことに国民の理解を得ていくことが大事だ。」

（『朝日新聞』二〇〇一年九月二五日夕刊）

小泉首相は翌二五日にブッシュ大統領と会談し、次の七項目の支援・協力を約束した。
①米軍の医療、輸送・補給活動に対する自衛隊の後方支援
②在日米軍施設の警備強化
③情報収集のための自衛艦派遣
④出入国管理に関する国際協力の強化
⑤周辺国への経済支援
⑥難民支援
⑦経済の混乱回避に向けた国際協調
(『朝日新聞』二〇〇一年九月二六日)

そして彼は一〇月二九日に「テロ対策特別措置法」などテロ三法を成立させ、一一月九日にアフガニスタンを爆撃するための米空母や艦載機の燃料補給のために、自衛隊の補給艦がインド洋に向けて出航した。

ブッシュ政権はまたイラクのフセイン政権が大量破壊兵器を隠し持ち、かつ国際テロ組織と関係があると見なし、二〇〇三年三月二〇日にイラク戦争を開始した。

小泉内閣はアメリカの陸上自衛隊派遣の要求に応え、同年七月二六日に「イラク人道復興支援特別措置法」を成立させた。そしてさらに一二月九日に、同法に基づいてイラクの復興支援に陸上自衛隊

を派遣するための「イラク人道復興支援特別措置法に基づく対応措置に関する基本計画」を閣議決定した。小泉はこの日の記者会見でも「危険を伴う困難な任務に赴こうとしている自衛隊に、多くの国民が敬意と感謝の念をもって送り出していただきたい」と述べた（『朝日新聞』二〇〇三年一二月一〇日）。そして翌二〇〇四年一月九日、陸上自衛隊にイラク派遣命令が発せられ、一六日夜陸上自衛隊先遣隊が出発した。

以上のように、小泉がアジア・太平洋戦争日本人戦死者に敬意と感謝の念を表したのは、日本が海外に自衛隊を派遣するほどに、日本が軍事大国化した状況に対応したものだった。

このようにして小泉は、中国や韓国に対する外交上の配慮からアジアに対する侵略や植民地支配について謝罪し、他方では日本人民衆の対国家忠誠心を確保するために、アジア・太平洋戦争日本人戦死者を顕彰するダブルスタンダードを固守した。

小泉の靖国神社参拝が外交や貿易に障碍をもたらすことへの危惧の表明が日本遺族会や自民党、財界からも出現

小泉の靖国神社参拝に対するアジア諸国からの厳しい抗議のため、二〇〇五年六月一一日に都内で開かれた日本遺族会幹部の会で同会会長の古賀誠は、小泉の靖国神社参拝について「遺族会の悲願としてありがたいが、英霊が静かに休まることが大事だ。近隣諸国に配慮し、理解してもらうことが必要だ」との見解をまとめた。遺族会内には「小泉首相の参拝は英霊のためになるかとの疑問も出てい

る」という状態だった(『毎日新聞』二〇〇五年六月一二日)。小泉と日本遺族会所属の遺族との間に微妙な違いがあった。

谷垣禎一財務相は、二〇〇六年八月一五日の閣議の前に記者団に対して、「アジア外交が必ずしもうまく進まなくなったのは、靖国(参拝)があったと思う」と小泉を批判した(『毎日新聞』二〇〇六年八月一五日夕刊)。

二〇〇六年五月に小泉の靖国神社参拝の中止を求めた経済同友会の北城恪太郎代表幹事は、二〇〇六年八月一五日には、首相は「国のために命を捧げられた方々に対する衷心からの追悼の意を示したものと思う」と言った上で、「次期首相には、わが国の安全と繁栄の確保に向けて、世界各国との相互理解と信頼の構築に資する外交政策を立案・実行していただきたい」と注文した。日本商工会議所の山口信夫会頭も、「コメントは控えるべき」としながらも、「近隣諸国との良好な関係の構築は、次期首相の大きな課題」と指摘した(『読売新聞』二〇〇六年八月一五日夕刊)。

小泉の靖国神社参拝が外交や貿易に障碍をもたらすことへの危惧の表明が、自民党や財界からも出現した。これが小泉が残した遺産で、彼以後の首相の靖国神社参拝の仕方を強く制約することになった。

3　小泉首相以後の首相たちの靖国問題をめぐる動向

中国・韓国に対する外交上の配慮から
靖国神社に対する本音を隠した安倍晋三首相

小泉首相の靖国神社参拝に対するアジア諸国の激烈な抗議の結果、小泉以後の首相たちは本音は別として表立った靖国神社参拝は控えるようになった。

二〇〇六年九月二六日、安倍晋三が首相に就任した。彼は自民党幹事長代理だった頃、日比谷次郎に、二〇〇五年一〇月一七日の小泉首相の靖国神社参拝をどう評価するかという質問を受けて、「秋季例大祭の日時を選んで参拝されたのはよかったと思っています」と肯定し、さらに「安倍幹事長代理が総理になられた場合、靖国参拝はどうされますか」という質問を受けると、「一国のリーダーがその国のために殉じた方々の冥福を祈り、手を合わせ、尊崇の念を表する、これは当然の責務です。小泉総理もその責任を果たされているわけですが、次のリーダーも当然、果たさなければなりません」と答えた（PHP研究所、二六頁）。

しかし、実を言えば、まだ官房長官だった二〇〇六年四月に、彼は靖国神社に参拝していた。しかし彼はそれを報道陣に知らせず、発覚した後も「参拝したか、しないかについて申し上げるつもりはない」と繰り返していた。二〇〇六年八月一六日付『朝日新聞』はその理由について、「ポスト小泉をにらみ『外交上の配慮』（安倍氏周辺）を示すためだ」と報じた。

この見方は正しい。安倍は政治的取引上不利益なことに直面すると、要領よく本音を隠すことがある政治家である。彼が腹の底で目指している方向をしかと見破るには、この点を踏まえておかねばならない。

安倍は、二〇〇二年九月以降に北朝鮮の日本人拉致問題の処理に当たって北朝鮮に対する強硬政策を採ったために、朝鮮に対する植民地支配の実態を知らない日本人民衆の多数派から小泉の後の首相候補として人気を集めていた。(1)

二〇〇五年一〇月三一日から一一月一日にかけて朝日新聞社が行った世論調査によると、小泉の次の首相として最も期待されたのは安倍で、彼の支持者は全体の三三％にも達した。二番目は麻生太郎だったが、麻生に対する支持率はわずか五％で、安倍は麻生を大きく引き離していた（『朝日新聞』二〇〇五年一一月二日）。したがって安倍自身も自分が首相に就任することを予想したので、まだ官房長官の時期からアジアとの外交の障碍になる靖国神社参拝を隠したのである。

二〇〇六年九月二〇日に安倍は自民党総裁選で当選した。二〇日夜から翌二一日にかけて朝日新聞社が行った世論調査によると、安倍が総裁になって良かったとする者が五七％も占めた（『朝日新聞』二〇〇六年九月二二日）。同月二六日に第一次安倍内閣が発足した。九月二九日付『朝日新聞』投書欄に掲載された一会社員の投書「拉致の解決に新内閣に期待」は、「安倍内閣が誕生した。私は北朝鮮による拉致被害者の救出に期待したい」と記されていた。これは日本人大衆の声を代弁したものであろう。

安倍は首相に就任した後も、靖国神社参拝の本音を隠し続けた。例えば、二〇〇六年一〇月八日、中国北京で胡錦涛国家主席と会談した際に靖国神社参拝の自粛を求められると、安倍は「行くか行かないか、行ったか行かなかったかは言わない」と明言を避けた（『朝日新聞』二〇〇六年一〇月九日）。次いで翌九日に韓国ソウルの青瓦台での盧武鉉大統領との会談に際しても靖国神社参拝に関して「行くか行かないか、行ったか行かなかったかは言わない」と、やはり明言を避けた（『朝日新聞』二〇〇六年一〇月一〇日夕刊）。

安倍は、二〇〇七年四月二一日から二三日にかけて行われる靖国神社の春季例大祭中に、神前にささげる供え物を「内閣総理大臣」の肩書で納めたが、「したか、しないか、申し上げるつもりはない」と、曖昧な態度をとった（『朝日新聞』二〇〇七年五月八日）。靖国神社参拝がもたらす対アジア外交の障害を顧慮して、靖国神社に供え物をひそかに納めたのである。

他方、二〇〇七年八月一五日の全国戦没者追悼式の際には、安倍は式辞で、日本人戦死者とアジアの被害者に関しては次のように述べた。すなわち、小泉のように日本人戦死者に敬意と感謝を表することはなく、日本人戦死者とアジアの犠牲者両者に対して哀悼の意を表した。しかし日本人戦死者については「祖国を思い」といって殉国者視する色彩を示した。

「先の大戦では、三〇〇万余の方々が、祖国を思い、家族を案じつつ戦場に倒れ、戦禍に遭われ、あるいは戦後、遠い異境の地に亡くなりました。また、我が国は、多くの国々、とりわけアジア諸国の人々に対して多大の損害と苦痛を与えました。国民を代表して、深い反省とともに、犠牲になった方々に謹んで哀悼の意を表します。」(『毎日新聞』二〇〇七年八月一五日夕刊)

安倍は病気のために二〇〇七年九月二五日に首相を辞任したが、後に病気が回復し、二〇一二年九月二六日の自民党総裁選で当選、同年一〇月一八日に靖国神社に参拝して「国のために命を捧げた英霊に、自民党総裁として尊崇の念を表するために参拝した」と記者団に説明した(『朝日新聞』二〇一二年一〇月一八日)。

こうして彼は首相の地位を去って、アジア諸国からの抗議を受けない地位につけば、靖国神社に公然として参拝し、日本人戦死者を殉国者として顕彰する方針にいささかも変わりはないことを示した。

自民党の福田、麻生首相の日本人戦死者殉国者観と靖国神社不参拝

安倍が首相を辞任した後、二〇〇七年九月二五日に首相に就任した自民党の福田康夫も、また二〇〇八年九月二四日に首相に就任した自民党の麻生太郎も、全国戦没者追悼式の式辞では左記のように日本人戦死者を殉国者視し、安倍と変わりはなかった。

【二〇〇八年八月一五日全国戦没者追悼式の際の福田康夫首相の式辞】

先の大戦では、三百万余の方々が、戦場で、あるいは銃後の地において、遠く異境の地において、

祖国の弥栄《いやさか》を念じ、愛する家族のことを案じつつ、亡くなっていかれました。また、我が国は、多くの国々、とりわけアジア諸国の人々に対して多大の損害と苦痛を与えました。私は、国民を代表して、深い反省とともに、犠牲になった方々に謹んで哀悼の意を表します。（厚生労働省所蔵文書）

【二〇〇九年八月一五日全国戦没者追悼式の際の麻生太郎首相の式辞】

先の大戦では、三百万余の方々が、祖国を思い、愛する家族を案じつつ亡くなられました。戦場に倒れ、戦禍に遭われ、あるいは戦後、遠い異境の地において亡くなられました。また、我が国は、多くの国々、とりわけアジア諸国の人々に対して多大の損害と苦痛を与えました。私は、国民を代表して、深い反省とともに、犠牲になった方々に、謹んで哀悼の意を表します。（厚生労働省所蔵文書）

他方、福田も、麻生も靖国神社に参拝しなかった（『朝日新聞』二〇〇八年八月一五日夕刊、および二〇〇九年八月一五日夕刊）。

小泉の靖国神社参拝の強行に対する中国、その他アジア諸国の激烈な反発は、その後の自民党出身の首相たちの靖国神社参拝を断念させたのであった。

民主党の首相たちのアジア・太平洋戦争日本人戦死者の意味づけ

二〇〇九年九月一六日から二〇一二年一二月二五日までの三年三カ月余の期間、民主党が政権を握った。

民主党出身の首相たちは、左記のように全国戦没者追悼式の式辞で日本人戦死者とアジアの犠牲者に対して哀悼の意を表したが、やはり日本人戦死者については「祖国を思い」と言って、殉国者視する色彩を残した。

【二〇一〇年八月一五日全国戦没者追悼式の際の菅直人首相の式辞】

終戦から六十五年が過ぎ去りました。祖国を思い、家族を案じつつ、心ならずも戦場に倒れ、戦禍に遭われ、あるいは戦後、遠い異境の地において亡くなられ三百万余の方々の無念を思うとき、悲痛の想いが尽きることなく込み上げてきます。改めて、心から御冥福をお祈りいたします。

また、最愛の肉親を失われ、決して癒されることのない悲しみを抱えながら、苦難を乗り越えてこられた御遺族の皆様のご労苦に、深く敬意を表します。

先の大戦では、多くの国々、とりわけアジア諸国の人々に対し、多大の損害と苦痛を与えました。深く反省するとともに、犠牲となられた方々とそのご遺族に対し、謹んで哀悼の意を表します。

（厚生労働省所蔵文書）

【二〇一一年八月一五日全国戦没者追悼式の際の菅直人首相の式辞】

終戦から六十六年が過ぎ去りました。あの苛烈を極めた戦いの中で三百万余の方々が祖国を思い、家族を案じつつ、戦場に倒れ、戦禍に遭われ、あるいは戦後、遠い異境の地において亡くなられました。戦没者の方々の無念を思うとき、今なお悲痛の思いが込み上げてきます。改めて、心から御冥福をお祈りいたします。

また、最愛の肉親を失った悲しみに耐え、苦難を乗り越えてこられたご遺族に、深く敬意を表します。

先の大戦では、多くの国々、とりわけアジア諸国の人々に多大の損害と苦痛を与えました。深く反省するとともに、犠牲となられた方々とそのご遺族に対し、謹んで哀悼の意を表します。

（厚生労働省所蔵文書）


【二〇一二年八月一五日の全国戦没者追悼式の際の野田佳彦首相の式辞】

先の大戦では、三百万余の方々が、祖国を思い、家族を案じつつ、戦場に倒れ、あるいは戦後、異境の地で亡くなられました。改めて、心から御冥福をお祈りいたします。

また、最愛の肉親を失った悲しみに耐え、苦難を乗り越えてこられたご遺族の皆様に、深く敬意を表します。

先の大戦では、多くの国々、とりわけアジア諸国の人々に対し、多大の損害と苦痛を与えました。深く反省し、犠牲となられた方々とそのご遺族に、謹んで哀悼の意を表します。（厚生労働省所蔵文書）

菅直人首相も、野田佳彦首相も、八月一五日に靖国神社に参拝しなかったが、しかし二〇一二年八月一五日には野田首相が閣僚に靖国神社参拝の自粛を求めていたにもかかわらず、松原仁国家公安委員長と羽田雄一郎国土交通相の二人の閣僚が靖国神社に参拝した（『朝日新聞』二〇一二年八月一五日夕刊）。

民主党は靖国神社問題に関して党内で統一した見解を持ち得なかった。民主党は二〇〇一年八月、小泉首相の靖国神社参拝の直前、これに反対して、①A級戦犯合祀の場で過去の戦争への反省をないがしろにする、②公式参拝は政教分離などを定める憲法二〇条に反するとの見解をまとめた。

この見解はその後毎年作る政策集でも踏襲してきたが、二〇〇九年七月にまとめた二〇〇九年版の政策集では「A級戦犯が合祀されていることから総理や閣僚の公式参拝は問題がある」にとどめ、憲法問題への言及は消えた。その理由は、首相の靖国神社公式参拝に反対する理由として、違憲性まで指摘することに対して党内に不満の声が強くあったからだった。党内に靖国神社を尊重し、参拝を続ける幹部もいるという状況だったのである（『朝日新聞』二〇〇九年八月一六日）。

結局、民主党にあっても、アジア・太平洋戦争日本人戦死者とは何であったかという点を深く省察する見識は生まれなかったのである。

〔注〕

（1）大嶽秀雄は『論座』二〇〇六年一〇月号に執筆した書評「安倍晋三著『美しい国へ』を読む」で次のように安倍を評した。

「安倍氏は、北朝鮮拉致問題について、拉致を棚上げして日朝国交回復を図ろうとする融和政策に反対し、北朝鮮に厳しい態度をとったことで一躍注目を集め、国民的人気を得た政治家である。」

この見方は正しい。小泉首相は二〇〇二年九月一七日に訪朝し金正日総書記と会談した。この会談で金は日本人拉致を認めて謝罪し、拉致被害者中八人が死亡し、五人が生存していることを発表した。同時に日朝国交正常化交渉の再開、朝鮮を植民地として支配したことに対する謝罪、国交正常化の後の北朝鮮に対する日本の経済協力、核やミサイル問題の解決のことなどを記した「日朝平壌宣言」が採択された。この時安倍は官房副長官として小泉に随行し、以後日本人拉致問題の処理に当たった。

この結果、一〇月一五日に拉致された五人の日本人が帰国した。その後、日本側は帰国した五人の日本人の家族の帰国を要求して二〇〇四年五月二二日に小泉が再度訪朝した結果、この日に拉致被害者の家族たちが帰国した。

しかし安倍は、この年の一一月七日の記者会見で「拉致問題が進まない中で過去の補償問題がどんどん進んでいくことはありえない」と語り（『朝日新聞』二〇〇四年一一月七日夕刊）、また同月九日にも朝日新聞などのインタビューで、「政府が認定した拉致被害者一一件一六人に加え、拉致の可能性がある『特定失踪者』を含む全面解決が国交正常化の前提になる」という見解を強調した（『朝日新聞』二〇〇五年一一月一〇日）。

安倍は、北朝鮮は「できるだけ早く正常化したい、国の建て直しに日本の援助を仰ぎたいと思っているようだ」と見なし（『朝日新聞』二〇〇二年一一月二日）、したがって「国交正常化が進まないことで困るのは北朝鮮だ」と見ていた（『朝日新聞』二〇〇三年四月一六日）。

二〇〇二年一〇月二三日に平壌で朝日新聞記者の取材に応じ、北朝鮮の外務省アジア局の朴龍淵《パク・リョンヨン》副局長は、「経済協力問題は、過去の清算と関連して非常に重要な本質的問題だ。日本側の提案をすべて聞いてみて、相互に討議して解決していきたい」と述べた（『朝日新聞』二〇〇二年一〇月二四日）。

つまり、安倍は日本の経済協力を必要としている北朝鮮側の弱点に付け込んで拉致問題の解決を図ろうとしたのである。

朝鮮人強制連行や朝鮮人女性を従軍慰安婦にしたことなど、日本が朝鮮に対して犯した罪を踏まえて「日朝間の真の平和は両政府が関与した犯罪について互いに謝罪し、補償することから始まると思う」という見解が日本人の中にもあった（中村陽三「両国民の悲劇国の償いこそ」、二〇〇二年九月一九日付『朝日新聞』掲載投書）。

しかし安倍は、拉致問題の処理にあたって、朝鮮に対する日本の植民地支配責任については全く無頓着なままに強硬政策を取るのみだった。その結果、日本人民衆多数派の間で安倍の人気が高まったことによって、安倍たち極右派が実権を握った自民党が、ますますアジアに対する日本の侵略や植民地支配を反省しない結果をもたらした。

4　高橋三郎の全国戦没者追悼式批判の出現
――日本民衆に対する天皇制国家の戦争責任意識の欠如の指摘

はじめに

以上のように、一九九三年八月に細川首相がアジア・太平洋戦争を日本の侵略戦争と認定した以後、全国戦没者追悼式の首相式辞は、すべてアジア・太平洋戦争を日本の侵略戦争と認定するようになったが、しかし日本人戦死者を殉国者視する見解はその後もずっと変わらないままで、日本人民衆を侵略戦争に動員して無意味な死を強いた日本政府の戦争責任を認めて謝罪する首相はついに現われなかった。

そういう思想状況の中で、キリスト教信仰の立場から高橋三郎は、二〇〇一年と二〇〇八年に全国戦没者追悼式に徹底した批判を向けた。

高橋三郎「慰霊について」

キリスト教徒高橋三郎は、彼が発行した『十字架の言』二〇〇一年七月号に掲載した「慰霊について」と題する論説で、全国戦没者追悼式の首相式辞を取り上げて批判を展開した。

彼はこの論説の冒頭で、仏教には死後仏になる前に地獄の責め苦に逢うという思想があり、ヨハネの黙示録にも「第二の死」という思想があって、死者たちは自分の行いに応じて審きを受け、火の池に投げ込まれて、永遠の劫罰を受ける、とされていることを紹介する。しかし、キリストの福音は、この断罪に抗して、キリストの贖いによる無条件の赦しを宣言する。

高橋は、以上のことを踏まえて、「生前の行いによって死後審きを受けるということは、汎人類的思想と言うことができよう。その故に、死者のために執り成しの祈りを捧げることも、必然的要請として、理解できるのである」と見る（高橋三郎、六七〇頁）。

彼はこう言った上で、「しかし日本武道館で行なわれる慰霊式では、ただ死者の霊を慰めるということだけであって、執り成しの祈りという要素は見られない」と見る（高橋三郎、六七〇頁）。その理由は次のようである。

「今までの例を見ると、これらの戦没者の尊い犠牲の上に、現代日本の繁栄が支えられている、という見方が主流を成していた。こう見る以外に、死の意味づけができなかったのであろう。しかしそこには、罪という事態の認識が欠落しており、その故にこそこの慰霊式典は、かくも内容空虚な、虚妄の祭典となったのである。私の友人の一人に、ガダルカナルで戦死した人がいる。前途有為な惜しむべき人材であった。その彼がどういう死に方をしたのか、詳細は分からぬけれど、飢えと病の果てに死んだのか、それとも無能な上官の命令に従い、無謀な突撃を敢行して射殺されたのか、いずれにしても、彼の死に対して責任を負わねばならぬ人々が存在したのである。その系列を辿って行くと、最後には、あの無謀な開戦を決定した国家の最高機関に至る。その頂点に天皇が位置するのである。しかるにこの慰霊式は、この『戦争責任』という厳粛な事実を、一切不問に附した上で、死者の霊を慰めようとするのである。そういう無責任な誤魔化しによって、死者の霊を慰められるであろうか。否、むしろ、彼らは地の底から責任の究明を求めて、叫び続けているのではあるまいか。」（高橋三郎、六七一頁）

以上のように高橋は、全国戦没者追悼式が天皇制国家が犯した罪、すなわち日本の民衆を無意味な死に追いやった戦争責任の意識の欠如を指摘した。

高橋は、さらに次のように日本の兵士によって虐殺された中国人死者に眼を向け、日本人兵士も国家による被害者であったと同時に、中国人に対する国家の加害の加担者だったことも指摘した。

「なおこのほか、日本軍の蛮行によって虐殺された無数の人々の怨念も、地下から叫び続けているであろう。その典型的事例として、あの南京大虐殺を取上げるとすれば、三十万を越える人々を、無残な死に追い詰めて行った残虐非道の振舞いは、その記録を読むだけでも、慄然とした衝撃を与える。そこに繰り展げられた惨劇は、冒頭に述べた地獄絵図の比ではない。もし生前の行いに応じた死後処罰を受けるのだとすれば、あの大虐殺の下手人に臨む地獄の劫罰は、いかなる様相を呈するであろうか。私が特にこれを言うのは、この人々も武道館において、記念し追憶されているからである。しかるに、これら人々の死後の運命に一言も言及することなく、その死の上に日本の現在が支えられているとする思想は、単なる虚妄の域を越えて、新しい犯罪を誘発する拠点と化するであろう。死者の霊を慰める筈の祭典が、こうして亡国への歩みを加速するとは、何たる背理ぞと歎かざるを得ない。」（高橋三郎、六七一頁）

高橋のこの宗教的表現を私なりに言い換えれば、日本国家により侵略戦争に動員されて飢えと病の果てに死んだり、無能な上官の命令により無謀な突撃をして射殺されるなど惨めな死を遂げた日本人兵士たちや、あるいは中国人大虐殺に加担することになった日本人兵士たちに対する国家の戦争責任に眼をつぶった式典は、新たな犯罪を誘発し、亡国への歩みをもたらすのみだ、ということになろう。

高橋三郎「敗戦記念日に思う」

高橋は『十字架の言』二〇〇八年八月号に執筆した論説「敗戦記念日に思う」でも侵略戦争を起こし

て犯した国家犯罪を隠して行われている全国戦没者追悼式を次のように弾劾した。

「戦後六三年の敗戦記念日を迎えるに当たり、日本武道館で行われる戦没者慰霊式の場で、現代日本の繁栄はこれらの人々の犠牲の上に成り立っている、という空々しい言葉を、今年も聞くことになるだろう。あの膨大な犠牲者の群れは、神の審きの下に打ちのめされた痛ましい犠牲者であって、その前に頭を垂れて赦しを乞い求めることこそ、生き残った我々のなすべき最大の課題である。しかるにその罪の実体を周到に覆い隠し、国家的犯罪行為という事実は決して承認しようとしない。戦後日本の最も深刻な偽りがここにあることを、我々は直視しなければならない。戦後日本の最大の課題は、貪りと高ぶりと偽りの罪を悔い改めることにある。この認識に立脚して、近隣諸国との和解を達成することこそ、現下の急務と言わなければならない。」（高橋三郎、六九七頁、傍点原文）

高橋は以上のように、日本人民衆を侵略戦争に動員して過酷な受難を負わせ、あるいは他民族に対する国家の加害の加担者とさせた国家の戦争責任を棚上げした全国戦没者追悼式を痛烈に批判した。

この高橋の批判は、今日継承し、発展させねばならない。

七 「名誉の戦死者」の名の下に抑圧された戦死者遺族の悲しみと異端の思想の生誕

1 問題の提起

この章の第一の課題

天皇制国家は日本人民衆すべてを戦争に無条件で動員するため、遺族に対して近親者の戦死の悲しみを表に表すことを徹底的に禁じ、戦死を、天皇に命を捧げた名誉の戦死として喜ぶことを強要した。名誉の戦死という虚像の背後にある天皇制国家のこの非情さを明らかにするのが、この章の第一の課題である。

この章の第二の課題

天皇制国家のイデオロギーは、日本の民衆の多くに浸透していたので、多くの遺族は心ならずもこの国家の強要に屈せざるをえなかった。

しかし、すべての遺族がこれに屈したのではない。戦争を推進した天皇や、戦争推進のイデオロギーの役割を果たした日の丸への恨みを表現した遺族もいた。また夫の戦死の悲しみを通じて、南京大虐殺事件に際して日本軍に虐殺された中国人の遺族の悲しみに想いを寄せた妻もいた。戦時中の困難な時期にあっても、日本の民衆のすべてが天皇制国家のイデオロギーを受け入れていたのではない。厳しい思想統制の下でも日本民衆の間に天皇制国家に対する異端の思想が自生的に生まれていたのである。

日本民衆の名誉のため、日本民衆思想史の一環としてこのことを明らかにしたい。これがこの章で明らかにしたい第二の課題である。

以上の二つの点を明らかにすることによって、戦死者を殉国者と見なして顕彰したり意味づける全国戦没者追悼式が、戦時下の国家によって強いられた日本の民衆の苦難や、そのような国家に対する民衆の抵抗感を無視した反民衆的な営みであることが明らかになろう。

2　戦死者遺族の悲しみの表現の抑圧

雑誌『主婦之友』が描いた模範的遺族像

ここに紹介する座談会記事は、日中戦争の時期の日本人戦死者を合祀する靖国神社臨時大祭の招魂式に、北陸から来て参列した戦死者の遺族である母たちの座談会記事の一部である。これは「母一人子一人の愛児をお国に捧げた誉れの母の感涙座談会」と題して雑誌『主婦之友』一九三九年六月号に掲載されたものである。

「森川　七つの年から、一人で育てなはったのどすかえ。
村井　はい、百姓をしてその合間々々に、一生懸命に笠を作ったり茣蓙《ござ》を拵《こしら》えたりして、男の子だで商業二年まではやらなんと気張ってやって来ました。
　どうせお粗末な育て方でありますけど、どうぞ女親が育てたからと後指を指さされんようにと思いましてな。力んでやりましたに。
（中略）
斉藤　うちの兄貴は、動員がかかって来たら、お天子様へ命をお上げ申しとうて申しとうてね、早う早うと思うとりましたね。今度は望みが叶《かな》って名誉のお戦死をさして貰《もら》いましてね。
森川　あの白いお輿が、靖国神社へ入りなはった晩な（招魂の御儀のこと）、有難うて、有難うてたまりませなんだ。間に合わん子をなあ、こない間に合わしてとてつかさってなあ、結構でござります。
村井　お天子さまのお蔭だわな、勿体ないことでござります。
中村　皆な泣きましたわいな。

高井　嬉び涙だわね。泣くということは、嬉れしゅうて泣くんだしな。
中村　私らがような者に、陛下に使って貰える子を持たして頂いてな、本当に有難いことでごさりますわいな。
まあ、ラッパが鳴りますわいなあ、兵隊さんやろか、あのお羽車のとき鳴ったラッパの音はもうなんともかんとも言えませなんだ、有難うて、有難うて。
森川　なんとも言えんいい音でしたなあ。あんな結構な御輿に入れて頂いて、うちの子はほんとうにしあわせ者だ、常ではああいう風に祀って貰えません。
斉藤　お天子様までお詣りしてくださいやんしたね。拝まして貰いました。
中村　ほんとに、ようよう拝まして貰いました塩梅《あんばい》でな。勿体ないこと。
斉藤　自分は戦争が始まってから、心の中で始終思っておりやんしたに、我等が可愛いために、お天子様が麦ままの御飯を食べてなさってえ、御苦労をしてくださるちって聞いておりやんしたで、お天子様を拝んだときにゃ、自分は涙がこぼれて仕方がなかったんやに。（中略）靖国さまへお詣りできて、お天子様を拝ましてもろうて、自分はもう、何も思い残すことはありません。今日が日に死んでも満足ですね、笑って死ねます。こんな次第でございましてな。
（中略）
中村　ほんとうになあ、もう子供は帰らんと思や、さびしくなって仕方がないが、お国のために死んで、天子様に褒めて頂いとると思うと、何もかも忘れるほど嬉しゅうて元気がでます塩梅どすわいな。」

以上のように、座談会に出席した母親たちは、みな戦死した自分の息子たちの靖国神社合祀の儀式への天皇の親拝に感激し、喜んでいる。

しかし注意しなければならないことは、この記事を掲載した『主婦之友』の政治的性格である。若桑みどり『戦争がつくる女性像』（筑摩書房〔ちくま学芸文庫〕、二〇〇〇年）や、川村邦光「靖国と女――従軍看護婦と〝九段の母〟をめぐって」（川村邦光編著『戦死者のゆくえ――語りと表象から』青弓社、二〇〇三年）などが明らかにしたように、雑誌『主婦之友』は、戦時期の天皇制国家に忠誠を尽くす模範的な女性の姿を宣伝した典型的な国策雑誌だった。

したがって、この座談会に登場する遺族たちの姿が遺族の全ての姿ではない。戦時下にも、ここに描かれた遺族の姿からはみだす遺族も少なからずいたのである。

靖国神社の招魂式のラジオの実況放送から外された遺族の声

当時、靖国神社の臨時大祭の際の招魂式は、ラジオが実況放送をした。ところがその際、靖国神社の「参道に並んだ遺族の間からは、嗚咽と共に『人殺し』、『わが子を返せ』などの悲痛な叫びもあがり、アナウンサーはその声がマイクに入らぬように苦心したという」（村上重良、二九頁）。

つまり、肉親を戦争に動員して戦死に至らしめた国家に恨みを表明した遺族もいた。しかしアナウンサーは国策に従って、その声をマイクに入らないようにしたので、社会に広く知られることはなかった。

こうして埋められてしまった民衆の声もいろいろあったに違いない。

一九三七年一二月一三日、日本軍が南京を占領した。それから間もない頃、私が住んでいた埼玉県入間郡山口村（現所沢市）でも南京陥落祝賀の提灯行列が行われたが、ある戦死者の母親が「何が南京陥落だ」と怒っていたということを私は母から聞いた。私が幼い小学校二年生の時のことだが、衝撃的なことなので、今も記憶している。

戦死者遺族に悲しむことを禁じた国家的規範

戦死者遺族に対しては、近親者の戦死に接しても「悲しんではならぬ」という国家的規範が厳然として存在していた。

一九四一年に刊行された靖国神社事務所『靖国神社のお話し』には、「戦死は一家一族の誉れだと考えよ」という国家的規範が、次のように説かれていた。

「お国のために捧げた吾等の生命は、明日の豊栄登り行く日本国の大生命のうちに生々《いきいき》として働いて居り、八紘一宇（世界を一つの家とするという意味――引用者）の大御業をいよいよ世界に輝し奉り、小にしては一家一族の誉れとなって永久に生きるのであって、こゝに散り行くうちにも安らけき笑いと満足と光栄とを見出し得るのが我が日本人であり、日本精神の真の姿であります。」

（朴裕河《パクユハ》、佐藤久訳、一三二頁より重引）

同書は続けて、だから遺族は夫や父や兄弟の戦死を悲しんではならないと、次のように言う。

「皆様の良人《おっと》であり父である方を、兄たり弟たる方を、国家の為に失われたとて、それを普通の死として悲しんでもらってはなりませぬ。」（朴裕河、佐藤久訳、同頁）

3　戦死者遺族の悲しみの表現を抑圧した諸相

雑誌統制による戦死者遺族の悲しみの抑圧

こうした国家の規範から見た模範的な遺族像が、種々の手段で宣伝されていた。

川口恵美子は、召集された軍人の戦死が一般化される「社会的状況にともなって女性雑誌は、突然の夫の戦死によって『英霊の妻』と称され、世間から注目される立場に置かれて言動の戸惑う未亡人に、『軍人』未亡人の手記や座談会をとおして、軍人の妻の〝あるべき姿〟の規範を示し、『英霊の妻』像の育成に手をさしのべていた」という（川口恵美子、三〇～三一頁）。

川口はその一例として次のような例を挙げている。

「たとえば『空爆五十回、蘇州爆撃に花と散った荒鷲白相少佐未亡人を訪う』（『主婦之友』一九三八年四月）は、夫が戦死した時刻に夢の中で夫と会話した未亡人の手記である。夢の中で夫は、『自分の身体は、私のものであって私のものではないのだよ。最期の小指一本まで、たった一滴の血潮まで、君国に捧げた身体なんだ。靖国神社に祀られることが無上の光栄なんだ』『天皇陛下の御ためなら、死ぬことなんか何でもない。肉体は亡びても霊魂は不滅だから』といった『軍人』としての信条の言葉を記して、戦死の意義を精神面から訴えている。」(川口恵美子、三一頁)

同じく『主婦之友』一九三八年四月号には、白木の箱に入れられた戦死者の遺骨を迎える未亡人とその娘の口絵があり(一八三頁)、その口絵の下には次のような文章が記された。

「　無言の凱旋
　　寺内萬治郎畫
〝あなた、ようこそお帰りあそばしました……〟
張り裂くばかりの胸中を、色にも出さで、粛然と、今は父なき愛児と共に、護国の英霊に合掌すれば、水のような静寂《しじま》の中に、いつか嗚咽の声は波紋をひろげる……
ああ、いまひと目、亡き夫《つま》に見せたきものは、繚爛たる祖国の春色と、わが子の笑顔！　沸《たぎ》りわく涙は胸に溢れても、泣いてはならぬ軍国の、妻の心を誰か知る。母の心を誰か知る……」

模範的な「沸りわく涙は胸に溢れても、泣いてはならぬ軍国の、妻」の姿がここに描かれていた。

「主婦之友」1938年４月号より

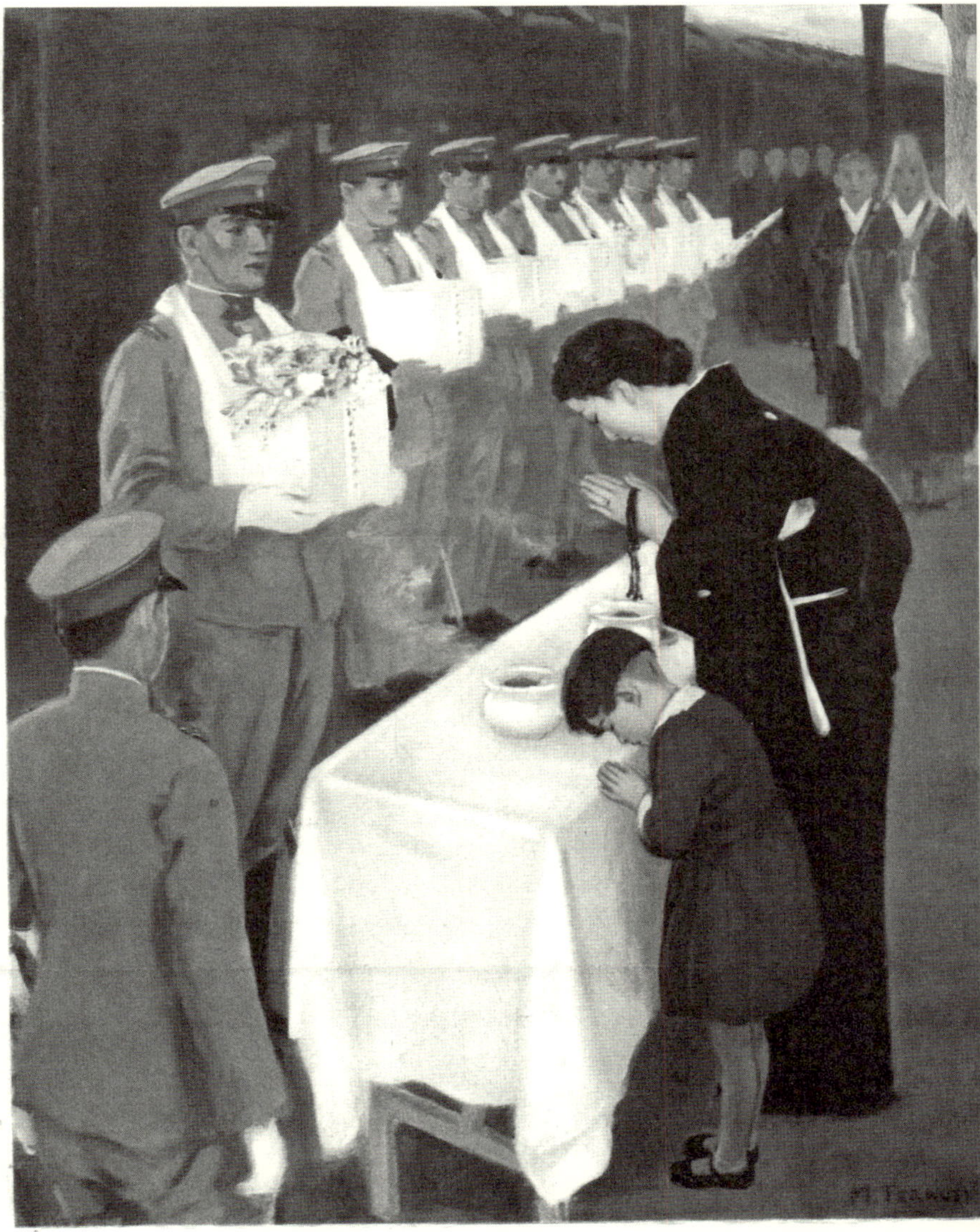

無《む》言《ごん》の凱《がい》旋《せん》

寺《てら》内《うち》萬《まん》治《じ》郎《らう》畫

「あなた、ようこそお歸《かへ》りあそばしました……」

張《は》り裂《さ》くばかりの胸中《きようちう》を、色にも出さで、毅然《きぜん》と、今は父《ちち》なき愛兒《あいじ》と共に、護國《ごこく》の英靈《えいれい》に合掌《がつしやう》すれば、水のやうな靜寂《しじま》の中に、いつか嗚咽《をえつ》の聲《こゑ》は波紋《はもん》をひろげる……

ああ、いまひと目、亡き夫《つま》に見せたきものは、この絢爛《けんらん》たる祖國《そこく》の春色と、わが子の笑顔！　沸《たぎ》りわく涙《なみだ》は胸に溢《あふ》れても、泣いてはならぬ軍國《ぐんこく》の、妻の心を誰か知る。

母の心を誰《たれ》か知る……

前述の川村邦光「靖国と女──従軍看護婦と〝九段の母〟をめぐって」（一九二一～二四六頁）には『主婦之友』に登場する模範的戦死者遺族像の事例が数多く紹介されている。

新聞による戦死者遺族の悲しみの抑圧

新聞もまた国家が模範とする遺族像を盛んに宣伝して、戦死者の遺族の悲しみを表に出すことを抑える役割を果たした。

『新潟新聞』を分析した矢野敬一は、この新聞が報じた遺族に関する記事の特徴を次のように概括した。

「記事の基調をなすのは、戦死を名誉、誇るべきものとする遺族の追悼のトーンに他ならない。したがって遺族の様子も『元気』『ニコニコ』と形容される。同じ月の別の日には『兵隊が大好きだった／死は家門の名誉／井上中尉実兄語る』他、同じような見出しが並ぶ。」（矢野敬一、六二頁）

これは『東京朝日新聞』でも同様である。日中戦争が開始されて間もない一九三七年一〇月に『東京朝日新聞』東京版に描かれた模範的遺族像を以下に挙げてみよう。

一二日版

忠魂・誉れ高し！

温良な露木一等兵

戦死した八隅部隊一等兵露木仙次郎君（三六）は、品川区大崎一ノ七六八の温良な大工さん前回の上海事変にも出征した武勲を樹てた勇士だ。自宅には妻りつ子さん（二七）が留守をしているが「夫は国のため身を捧げた事ですから私も満足でございます」と語った。

正直者栗林一等兵

八隅部隊名誉の戦死者栗林保治一等兵（三〇）は正直者で評判な八百屋さん妻しずえさん（三〇）を義兄の品川区大井北浜川町一、一四九伊能伊八方に預けて出征したが実兄要治君（三五）も上海で活躍している誉れの兄弟。千葉県銚子町出身で保治君は「戦地で兄貴に負けないように頑張るぞ」と元気よく出征した。妻しずえさんは「昨日慰問袋を送りました。名誉の戦死と聴いて私も世間に顔が広うございます」

二二日版

よくやった

軍国の父は嘆かず

剣劇俳優　稲葉一等兵

戦死した佐々木部隊稲葉清一等兵（二五）は荏原区下神明町一六五理髪業吉野良治方同居の占業

稲葉米吉の一人息子。浪曲劇梅沢五選一座の剣劇俳優で伊那葉喜与志と名乗っていた。出征に際し「二度とこの土地を踏みません」と頭髪を遺し覚悟を示して行った程。父米吉さん（五五）は毎日神仏を拝んでいたが、戦地に行った息子の無事を祈ったのではなく、皇軍の武運長久を祈ったのですといって付近の人を感激させ、清君戦死の報を受けた時も「よくやった、よく働いてくれた」と清君の戦功を喜んだ。

遺族は父米吉さんと母親たけさん（五二）と奉公に出ている妹の静江（一三）の三人。

二六日版

永えに芳し・護国の華

〝戦死は家門の誉れ〟

野尻上等兵

加納部隊戦傷死者野尻一等兵（二一）は品川区大崎東町二ノ三九五電線業外吉さん（五九）の長男で目黒区向原町一八一に妻しずさん（二一）長男広治チャン（六才）長女美津江チャン（三才）と家庭を持っていた大崎郵便局の集配手であった。妻しずさんは語る。

夫は望みが叶い戦線で銃を握るのが嬉しいと言って出征しました。戦死は家門の誉れです。

留守に赤ちゃん

中村上等兵

谷川部隊の戦傷死者上等兵中村庄蔵君（二六）は足立区本末町丸中菓子店の主人。留守宅で店が閉まった妻女わかさん（二四）が去る二十三日にお産したばかり。近くの千住末広町で菓子店を出している兄浅次さん（三四）方では国に殉ずる雄々しい弟の気持ちを汲んで赤ちゃんに殉子と名づけましたが立派に死んで呉れたかしら……と語っていた。茨城県猿島郡五箇村の実家に五郎さん、米さんの老父母がある。

〝皇国に捧げた身〟

村石一等兵

戦死した十川部隊村石七丸一等兵（二七）は蒲田区羽田二ノ一六五、村石しんさんの長男で同区萩中町鰹節製造松村商店工場に勤めていた。十年前父と死別、母の苦労を知っているだけに真面目一方非常な母思い。弟源五郎君（二五）も戦線にあり家には母のしんさん（五一）と甥の徳滋君（一二）。母親は語る。

お国に捧げた身体で本望です。倅《せがれ》も「一度死んだら二度と死なない。歎いてくれるな」と言残して行きました。

二七日版

英魂・永えに芳し
〝我も日本男児〟
戦死した菊池上等兵

甲上部隊の戦死者菊池邦太郎上等兵（二二）は麹町区五番町六、会社員菊池伝弥さんの長男で七、八年前から親戚にあたる日本橋区蛎殻町の魚問屋三林商店の店員をしていた評判の孝行者。（中略）留守宅には父伝弥さん（四七）、母はるさん（四四）、弟身久雄君（一二）の三人で両親は健気に語る。この間邦太郎が凛々しい軍服姿で母の夢枕に立ったのも魂が別れに来たのでしょう。まだ男の子が居ることですし、国に捧げた体で戦死とは家の誉、本望です。只あの子が真面目一方でもう少し我儘をしていてくれたらと心残りです。

二八日版

勲高し・護国の英魂
黒髪を切落して
その覚悟を示す
〝武人の妻〟辻少佐夫人

上海戦線の激戦で壮烈な戦死を遂げた辻文蔵少佐は福島県石城郡出身で昨年暮から大森区田園調布二ノ九七一に新居を構え只管《ひたすら》精神科学研究に専心していた。（中略）夫人は少佐戦死の報に黒髪

を切落し、
主人は此度の御奉公を喜び勇んで出ましたので戦死とは定めし満足の事と存じます。一家の誉れ、私も武人の妻として本望で御座います

と語った。

三一日版

燦たり・不滅の勲功

〝国家に捧げた倅〟

山本伍長

戦死した鯉登部隊山本義雄伍長（二五）は神田区須田町一ノ一白銀堂時計店山本喜二郎氏の弟で七人兄弟の末子、須田町連雀会の幹事をやっていた明朗な青年。母ひでさん（六五）は

国家に捧げた倅です。立派な手柄を立て死んでくれたのなら私も満足です。それはそれは親思いの子でした……

と語っていた。

流行歌による戦死者遺族の悲しみの抑圧

雑誌や新聞と共に流行歌も天皇制国家が模範とする遺族像を宣伝する役割を果たした。

一九三七年には島田磐也作詞、古賀政男作曲の「軍国の母」が作成された。歌詞は次のようである。

「　一
こころ置きなく　祖国《くに》のため／名誉の戦死　頼むぞと／泪《なみだ》も見せず　励まして／我が子を送る朝の駅
　二
散れよ若木の　桜花／男と生まれ　戦場に／銃剣執るも　大君《きみ》のため／日本男児の　本懐ぞ
　三
生きて還ると　思うなよ／白木の柩が　届いたら／出かした我が子　天晴《あっぱ》れと／お前の母は　褒めてやる
　四
強く雄々しく　軍国の／銃後を護る　母じゃもの／女の身とて　伝統の／忠義の二字に変わりゃせぬ」（古茂田信雄、島田芳文、矢沢保、横沢千秋、三四四頁）

一九三八年には深草三郎作詞、明本京静作曲の「皇国の母」が作成された。歌詞は次のようである。

「　一

歓呼の声や旗の波／『あとはたのむ』の　あの声よ／これが最後の　戦地のたより／今日も遠く
ラッパの音《ね》
　二
想えばあの日は　雨だった／坊やは背《せな》で　すやすやと／旗を枕に　眠っていたが／頬に涙が　光
ってた
　三
ご無事のおかえり　まちますと／言えばあなたは　雄々しくも／こんど逢う日は　来年四月／靖
国神社の花の下
　四
東洋平和の　ためならば／なんで泣きましょう　国のため／散ったあなたの　かたみの坊や／き
っと立派に　そだてます」（古茂田信雄、島田芳文、矢澤保、横沢千秋、三四九頁）

一九三九年には石松秋二作詞、能代八郎作曲の「九段の母」が作られた。歌詞は次のようである。

「　一
上野駅から　九段まで／勝手知らない　じれったさ／杖を頼りに　一日がかり／倅《せがれ》来たぞや　会
いにきた

二

空を衝くよな　大鳥居／こんな立派な　お社に／神と祀られ　もったいなさよ／母は泣けますうれしさに

三

両手あわせて　ひざまづき／拝むはずみの　お念仏／ハッと気づいて　うろたえました／倅　ゆるせよ　田舎者《いなかもの》

四

トビが鷹の子　産んだよで／今じゃ果報が　身にあまる／金鵄勲章が　見せたいばかり／あいにきたぞや　九段坂」（古茂田信雄、島田芳文、矢沢保、横沢千秋、三六五〜三六六頁）

遺家族指導嘱託や町村の兵事係・吏員などによる戦死者遺族の悲しみの抑圧

遺家族指導嘱託も戦死者遺族に対して名誉の遺族の姿の強要を直接行った。

政府は一九三九年度に各道府県に助成金を交付して女性を遺家族指導嘱託に任命し、遺家族に対する「教化指導」に当たらせた。一九四〇年二月二〇日現在、遺家族指導嘱託は全国で五〇八人に達した（軍事保護院編、二八一〜二八六頁）。

遺家族指導嘱託に対して命じられた「軍人遺族教化指導目標」の第一に挙げられたのは、「英霊が靖国の神に祀らるゝは家門至高の栄誉なることを深く悟得し更生の意気を旺盛ならしむること」であ

った。すなわち、遺家族指導嘱託の第一の任務は、遺家族に対して名誉の戦死者の遺族になることを強要することだった。(1)

遺家族指導嘱託に対する講義をした仏教指導者友松円諦の証言によると、次のようにして遺族は家族の戦死に接しても泣けないようにさせられたのである。

「(戦死を知らせる)電報が来てびっくりしていると、そこへ在郷軍人分会長が来て名誉のことでございます。さすがに武人の妻ですとほめられる。その次に護国英霊の奥さんとせり上げて来て泣く訳に行かなくなる。……覚悟しておりましたと言ってお辞儀する。段々と強くなって今さら泣けなくなる。」(一ノ瀬俊也、五九〜六〇頁)

また一ノ瀬俊也は、「町村挙げての公葬は正に遺族の悲嘆を隠蔽・抑圧する役割を果した」と言う(一ノ瀬俊也、六〇頁)。

滋賀県東浅井郡大郷村《おおざと》(現長浜市)では、家族の誰かが「出征」中の家には、紺色地のプレートに日の丸と「出征軍人」という白抜きの文字を記した札が掲げられた。その札はこの村の兵事係が渡した。そして、戦死者が出た場合は、白地に日の丸と「名誉の家」という黒文字が記された札を掲げることになっていた(吉田敏浩、一二六頁)。

赤紙、つまり召集令状が届いて、肉親が戦死の可能性が高い戦場に動員されるようになった時から家族は泣けないようにさせられていた。

大郷村の山下ユキ（仮名）は、兄に赤紙が届いた頃を回想して「赤紙が来てからは、村の人たちは、『おめでとうございます、おめでとうございます』と声をかけてくれます。しかし、家の者は心の中では泣いても、涙は見せられません。女々しいことでも言えば、国賊と見られましたから」という（吉田敏浩、一二五頁）。

岩手県和賀郡横川目村（現和賀町）では、戦争が終わって間もない時でも役場の吏員が戦争未亡人の小原ミチの家に「戦死者の家」と書いた表札を持ってきて、家の入口の上につけて、「この札は国のために尽くした名誉な家の標しだ。世間の人がこの名誉な家にお札の気持ちを忘れないようにするために付けるのだ」と言い、さらに「遺族の人達は、国のために立派に命を捧げた家族の名誉を、傷つけねェように、その名誉さ恥じねェ暮らしをするように」と言った（菊池敬一・大牟羅良、一八頁）。

「名誉の戦死者」の遺族の故に抑えられていた悲しみの実情

名誉の戦死者の遺族であることの強要は、以上のように十重二十重に行われていたから、遺族は悲しみを表することができなかった。

千葉県八千代市の戦争未亡人緒方泉は、夫が戦死した当時を次のように回想した。

「終戦から四十余年。いまだにいやな思い出ばかりが浮かんでくる。『名誉の戦死です。主人の戦死という悲しい出来事。でも当時は悲しむことも泣くことも出来なかった。『名誉の戦死です。本人もさぞかし本望だったと思います』といわねばならなかった。未亡人になっても軍国の妻と褒めたたえられた。しかし人

のいないところで泣きたかった。つらかった。」（朝日新聞テーマ談話室、上巻、六四頁）

茅ヶ崎市の水谷シエ子の証言によれば、三人の息子が戦死の度に、人前では「何事もお国のためですから」といっていた父の「本音の姿は地獄そのもので、夜ふけて狂ったように息子たちの名前を次々と叫び続けた」という（朝日新聞テーマ談話室、上巻、一四四頁）。

徳島県の溜口麻一の母は、彼の満蒙開拓義勇軍への応募に反対した。その理由は、彼の回想によると、次のようである。

「当時、兵隊を出した家は名誉だとたたえられ、一人行くと日の丸が一本門口に立ち、私の家ではのちに三本の日の丸がひるがえった。母は『何が名誉だ。なにがほまれだ。自分の腹を痛めた子どもたちを奪《と》られないからわからないのだ。自分の子どもを奪《と》られてみろ』と、何回も私に言いました。」

だが、一人の息子が戦死した時には、その母にしても「名誉の家だから悲しみを外にだせない。家の中で泣いていた」という（陣野守正、一五頁）。

横浜市の佐藤アイの母は、一九四二年に二二歳で戦死した息子について、一九九三年一月末にいろいろと語り、シベリアに抑留されて帰らぬ息子の母の悲しみを歌った「岸壁の母」[2]を涙を流しながら歌い、かつ「ああ、あの時は泣いてはいけなかったのよ」と回想した（佐藤アイ、二八頁）。

菅原龍憲は、一九四四年に父の戦病死の公報が届けられた際の母の姿を回想して次のように証言した。

「いわゆるお役人さんがその戦死の公報を持ってこられた。（中略）ところが私の母が戦死の公報を受け取っておりましても、いささかも悲しい素振りをしないわけですね。むしろ誇らしげに対応しておると。私、小さいときでありましたけれど、非常に妙な思いをしておったんでありますが。二言三言、そのお役人さんと話を交わして、そのお役人さんが帰られた後、突然納屋のほうに行きまして、縁側で私の母はうずくまってしまったわけであります。そういう突然の慟哭に、私は何か怖いような思いをして、何となく悲しくてしがみついたという、そういう記憶が私の中に鮮烈にございます。（中略）後で考えますと、おそらく戦死の公報は名誉の戦死という形で持って来られたんだろうと思うんです。その名誉の戦死ということによって、私の母は、おそらく悲しむことができなかった、己の体面に賭けても意地に賭けて繕わなければならなかった、ということだろうと思うんです。だから私は、その名誉の戦死ということがどれほど人間の生身の心と言いますか、人間の悲しいことを悲しむことができなかったという、そういう役割を果したんではないかと思っております。」（中曾根首相の靖国神社公式参拝に抗議する会、三〇二〜三〇三頁）

ある戦争未亡人は、夫の戦死の知らせを受けた際の状況を次のように語った。

「その悲しみの中にあって私が聞いた言葉は『名誉の戦死おめでとうございます』だったのです。おめでたい死がどこの世にあってたまるものでしょう。今、もし、『交通事故で死んでよかったですね、おめでとうございます』といったらどんなことになるでしょう。

誰でも判っているはずなのに、死と言うものの本当の悲しみも、引き裂かれた心の痛みさえ判ってもらえず、〝名誉の戦死〟〝英霊の妻〟と呼ばれたりしたのです。そのように言わしめたものは一体、何だったのでしょうか、どんな力がはたらいて皆んながそう言ったものなんでしょうか。不思議な気もします。

そんな言葉のありがたい妻としての考えを、英霊の妻としての意識を私は一度も持ったことはなかったような気がします。たとえ、そのような誇りに充ちた妻と思わされたとしても英霊の妻の座はあまりにも短かったのです。あっけなく戦争は終わってしまったのです。

白い遺骨の箱が飾られた部屋で名誉の戦死と称えるむなしい言葉の数々を沢山聞き過ぎたのでしたが、白い箱にすがって泣いたのは誰もいない時、線香をあげる一瞬だけだった。」

（佐々木健、六〜七頁）

このようにして「名誉の戦死者」の遺族という名目を押しつけられて、遺族たちは悲しみを公然と表現できず、その真情は隠されてしまった。このように遺族が抑圧された精神状況の下に、民衆の戦争協力が行われ、天皇制国家の侵略戦争が遂行された。

口に出すことを抑えられた兵士達の本音

しかし、隠されたのは遺族の真情だけではない。兵士たちの真情も隠された。

野田光春は「サイパンの兵士の本音と建前」と題する『朝日新聞』への投書で、サイパン島での自己の戦闘体験から、兵士の本音と建前の実態について次のように回想した。

「兵隊が戦場で死ぬとき、いや自決するときといった方がいいかも知れません。そのとき『天皇陛下バンザイ』というのはウソで、『お母ぁさん』や妻の名、あるいは子どもの名らしきものを呼ぶ、と一般にいわれてきました。しかしサイパン島生き残りの一人（昔は生きている英霊といわれました）である私は、どちらも本当だと申し上げたいのです。ある兵隊は『お母ぁさん』であり、ある兵隊は確かに『天皇陛下バンザーイ』といって自決しました。

いま考えてみますと、集団などで『公式』に死ぬときには『天皇陛下バンザーイ』であり、洞くつの中で一人で死ぬような『非公式』の場合は、天皇陛下にしばられないといった方がいいのかも知れません。（中略）

日本の軍隊には死ですらタテマエとホンネがあったのです。」

（朝日新聞テーマ談話室、上巻、一一二〜一一三頁）

銃後であれ、戦場であれ、民衆の本音の表現に対する徹底的抑圧によって、侵略戦争への民衆の動員が可能となったのである。

しかし、以下で隠されていた遺族の声をできる限り復元し、戦争中でも天皇や日の丸に対する恨みや、中国人戦争犠牲者への共感が遺族の間にあったことを明らかにしたい。

そうすることによって戦後になって遺族の反戦・平和の志向が突然に現われたものでは必ずしもないことを示そう。

〔註〕

（1）「軍人遺族教化指導目標」の全文は次のようである。

「　軍人遺族教化指導目標

軍人遺族の教化指導の目的は軍人遺族をして国体の本義に徹し皇恩の深きを念《おも》い自奮自励愈々奉公の誠を効《いた》し以て栄誉ある家門を保持繁栄せしむるに在り。而して之が指導に当りては概ね左の事項を主眼とすべきものとす。

一　英霊が靖国の神に祀らるゝは家門至高の栄誉なることを深く悟得し更生の意気を旺盛ならしむること

二　我国家族制度の本義に則り家庭内の和合に努め家門の基を固からしむること

三　遺児の教育を淬励《さいれい》し育英の実を挙げしむること

四　勤労に依る自立自営の精神を堅持せしむると共に公に奉ずるの心操を涵養せしむること

五　品性を陶冶し謙譲美徳を発揮せしむること」（軍事保護院、一九四四頁）

（2）室町京之介セリフ構成、藤田まさと作詞、平川浪竜作曲「岸壁の母」の歌詞は下記のようである。
「母は来ました　今日も来た／この岸壁に　今日も来た／とどかぬ願いと　知りながら／もしやもしやに
もしやもしやに／ひかされて
（セリフ）又引き揚げ船が帰って来たに、今度もあの子は帰らない。／この岸壁で待っているわしの姿が見
えんのか………。／港の名前は舞鶴なのに何故飛んで来てはくれぬのじゃ………。／帰れないなら大きな
声で………／お願い………せめて、せめて一言………。
呼んでください　おがみます／ああ　おっ母さんよく来たと／海山千里と言うけれど／なんで遠かろ　な
んで遠かろ／母と子に
（セリフ）あれから十年………　あの子はどうしているじゃろう。／雪と風のシベリアは寒いじゃろう
………／つらかったじゃろうと命の限り抱きしめて………／この肌で温めてやりたい………。その日の来
るまで死にはせん。いつまでも待っている………。
悲願十年　この祈り／神様だけが知っている／流れる雲より　風よりも／つらいさだめの　つらいさだめ
の／杖ひとつ
（セリフ）ああ風よ、心あらば伝えてよ。／愛し子待ちて今日も又、／怒涛砕くる岸壁に立つ母の姿を
………。

（キングレコード作成ＣＤ　二葉百合子「日本の母を歌う」二〇一一年」）

4　隠されていた戦死者遺族の異端の声

日の丸と天皇を怨んだ戦死者の母の歌

山形県の木村迪夫《みちお》の祖母つえは、ウエーキ島で戦死した次男良一の葬式を一九四六年四月に行った際には、涙一つ流さず「天皇陛下のため、名誉の戦死したんだ」と言っていた。しかし、次男に続いて長男の文左衛門も戦死したことを長男と同じ部隊の帰還兵を通じて同年五月末に知ったつえは、食事も取らずに三日三晩泣き明かした末に次のような歌を歌い始めた。

「にほんのひのまる
なだであかい
かえらぬ
おらがむすこの　ちであかい
ふたりのこどもをくににあげ
のこりしかぞくはなきぐらし
よそのわかしゅう（若衆──引用者）みるにつけ

うづ（うち——引用者）のわかしゅうはいまごろは
さいのかわらでこいしつみ」

そして彼女は「天子さまのいたずらじゃあ」、「むごいあそびじゃ」といって、神棚にも手を合わせなくなった。彼女は「まけてしぬのはなさけなや　だれもありがたさあもない」とも歌った。彼女は二人の息子が戦死した上に、敗戦によって息子たちの死が全く無意味な死になったと悲しみ、そのような悲境に追い込んだ天皇を怨んだのであろう（木村迪夫、一九八八年、四三一～四三二頁。木村迪夫、一九九四年、一八～二七頁。加藤明、頁なし）。

天皇を怨んだ戦死者の母たち

群馬県藤岡市の鎌田丈夫は、一九四四年五月一七日に石巻に入隊し、翌年五月一七日にフィリピンのルソン島で戦死した。彼の母は「自分の手で亡くした子はいない！　天皇の所へ行って、子どもを返せ！　と言ってくる」と泣いて、家族を困らせた（鎌田文子、一〇～一一頁）。

二人の息子がアジア・太平洋戦争の末期に戦死した小谷和子も、「これに増す　悲しき事の何かあらん／亡き子二人を返せ　此の手に」と歌った（古川佳子、一三九頁）。

返せと要求した相手は天皇制国家であろう。

天皇のための名誉の戦死という意味づけを真っ向から否定した戦死者の母親もいた。

これは渡辺清が自分の母親から聞いた話である。日中戦争の時期、彼の母が、総領息子が戦死して悲嘆にくれている母親を慰めて、「……なあ〇〇さん、おまはんも心底辛いずらけど、これも天皇陛下のためだと思って気をしっかり持ってくんなよ」と言うと、その母親は顔を真っ赤にして次のように言った。

「ふん、天皇陛下だって、わしゃもうそんなごたくききたくねえ、毛虫をみてもおっかながるような気のやさしい〇〇をむりやりに戦地へさ引っぱり出して、三年間も弾の下でおっかにゃ目にあわした挙句、殺しちまったじゃにきゃ、なにが天皇陛下だい、それとも、天皇陛下の子は一人でも戦地へさ行ってるっていうのかい、五人もいたって誰も行っちゃいにゃずら、そんだったら自分がまっ先に出て行きゃいいだに、そうすりゃ、人の子が死ぬっていうことが、どんなに辛らりゃことかよくわかるから……それをどうだい、自分は後ろかーあでのうのうとしてえて、人の子ばっかり行け、行けってひっぱり出して……、わしはもうこうなったら天皇陛下もくそもありゃしにゃ……」

（渡辺清、六〇頁）

靖国神社参拝を拒否した戦死者の母

阿部穣の兄は、フィリピン東方の海で潜水艦に軍医として搭乗中、米軍機の爆撃により艦と運命を共にして戦死した。

しかし「国のためにささげた者は神として靖国にまつられているから、鎮魂のためにそこに参るよう、周囲の人々から促されても、母は動かなかった。『死んでからまでも国の言いなりになる必要はない』。神様としてあがめるより、息子は仏様として身近に慰めたいというのである。(中略)母がこの世を去ってから久しいが、苦労して医者にまで仕上げた息子を無体に奪ったものへの憤りは、終生おさまらなかった。」(阿部穣「靖国の息子を母は認めず」二〇〇一年八月一六日付『朝日新聞』投書)

この母は息子を奪った天皇制国家に対する抵抗感があったために、天皇制国家に生命を捧げることを顕彰する靖国神社への参拝を拒否したのであろう。

南京で日本軍に虐殺された中国人犠牲者に想いを寄せた日本人戦死者の妻

遺族としての自己の悲しみを通じて南京大虐殺事件(一九三七年一二月から翌年三月にかけて行われる)で日本軍に殺された中国人の遺族の悲しみに想いを寄せた日本人女性もいた。

その女性の長男である宮城県の野崎渡の回想によると、次のようである。

「私の父、野崎庄助(陸軍少尉——引用者注)は一九三八(昭和十三)年五月八日、華中、徐州南方一三〇km、安徽省の蒙城という所で戦死した。翌年秋、交替帰還した従兵の方(名前を思い出せないので仮にAさんと呼ぶ)の話によれば、午後の五時頃、右第一線の小隊長として『突撃に進め』の号令をかけて立ち上がり走り出した刹那、城壁に拠る中国兵が発射した狙撃弾が父の腹部を右から左

に貫通した。どんなに痛かったろう。苦しみながら夜一〇時頃麦畑の中で息を引き取ったという。」（野崎渡、七頁）

この従兵は、野崎の母に父が参加した南京大虐殺事件の模様を次のように語った。

「南京ではあまり沢山の捕虜を捕え、始末に困った末、軍の命令で揚子江につながるクリークの傍で小銃や機関銃で全部殺してしまった。中には日本刀で首を打ち落としたり、銃剣を付けた剣付銃で度胸試しに刺殺させたりもした。中国兵もただ殺されておらず、勇気も腕力もある者がこれをひったくり、若い見習士官が逆に殺されたりした。その中国兵はその直後、よってたかってなぶり殺しに殺された。それ等の中国兵の屍体は皆そのクリークに投げ込まれた。屍体は一たんは水底に沈むが腐敗が進むにつれてガスがたまり、浮き上がって来る。その屍体で水面が覆われ、見えなくなる程だった。」（野崎渡、一二頁）

それから半年ほど過ぎた頃のことである。

「母が、ある日私を仏壇の前に呼び寄せて座らせた。前記父の従兵Aさんの来訪から半年過ぎた、五月の父の命日あたりだったと思う。当時、私はようやく中学二年。母よりも身体も大分大きくなっていた。その私に母は次のように語りかけたのだ。
『渡さん、あんたどう思うか。お母さんの話す事を良く聞いて頂戴』と言って話し出したのが『捕虜殺し』のことである。まず母は『あんたはお父さんは死んで地獄にいっているか？　極楽にいっているかどっちだと思う？』と言う。私はいぶかしく思いながらも言下に『それは当然極楽でしょ、だってお父さんはお国のために戦って立派に戦死したんだもの』と答えた。その私を母はまじまじと見つめながら『そう思うかい。お母さんは違う。殺された中国人にも、私たちと同じく奥さんや子どももいれば、親兄弟もいる筈だ。その遺族は何と思っているだろうか？。おそらくお父さんを失った私達と同じように、嘆き悲しんでいるに違いない。お釈迦様は人を殺すことは一番悪いことだと教えている。お母さんもそう思う。だからお父さんも地獄に行かなければならない。地獄で苦しむことで、お父さんの罪が許されるのだとお母さんは思うんだよ。』と言ったのである。私はその時、答えに窮して黙ってしまった。そして母は気が狂ったのではないか、と脅えてその顔を見つめたものだ。

　話はそこまでだった。その後、母は、いつもの母に戻り、二度とその様な話をすることはなかった。」（野崎渡、一二頁）(1)

　野崎の母は仏教徒だったのかもしれない。仏教の聖典『ブッダのことば（スッタニパータ）』には「あたかも、母が己《おの》の独《ひと》り子を命を懸けても護るように、そのように一切の生きとし生けるものどもに対しても、無量の（慈しみの）こころを起すべし」と、すべての生者に対する慈しみの精神が説かれているが（中村元、三八頁）、彼女はそうした仏教の精神を会得していたのかもしれない。

戦後の小栗竹子と同じく、このように戦時中でさえも、自己の夫との愛別離苦を媒介にして中国人の側の愛別離苦に想いを致した女性がいたのである。

中国からの帰還兵の話を通じてアジアの民衆の苦しみと悲しみに想いを寄せた遺族

大内三良は、中国からの帰還兵を通じて中国をはじめアジア諸国の人々の苦しみと悲しみを洞察した。

一九四五年の暮になって彼の弟の戦死の知らせが届き、さらに翌年になって兄の戦死の知らせが届いた。ところが彼は盲人なので、日中戦争から太平洋戦争にかけての時期に通学していた盲学校に「失明軍人教育所」が設けられ、その結果中国から帰還した失明軍人が、中国での悲惨な行為を手柄話のようにそこで語ったり、従軍慰安婦を相手にしたことを猥談めいて話すのを聞いて驚愕し、「土足で踏み込んできた侵入者に暴虐の限りをつくされた中国、アジアの諸国では、われわれ日本人の何層倍もの人たちが、こうした苦しみ悲しみを味わったことであろう」と推察するようになった（大内三良、二三一～二三六頁）。

彼の場合、盲人であるための痛みがあったことが、他民族の痛みを敏感に受け止める要因になっていたのかもしれない。

民衆に対する天皇制国家の思想統制が厳しかったアジア・太平洋戦争の時期に、少数ながらも国家から自立した民衆独自の認識や思想が生まれていたことは注目に値する。

〔注〕

（1）これと同じことが、野崎渡の妹・高木告子の手記「いち列ダンパン破裂して… もう戦争はイヤだ」（平和遺族会埼玉支部『届け遠い遠いそして懐かしい父、兄へ』二〇〇九年）にも記されている。

終章　「軍備の根底たる愛国心」高揚政策との対決のために

――戦後に残した日本民衆の未決の思想的課題

国民国家の恐ろしさ

以上の検討で明らかなように、サンフランシスコ講和条約が発効し、日本が国家神道など宗教と政治の分離、軍人恩給の廃止など、ＧＨＱの指令により国家に対する国民の忠誠心の確保を制約する占領体制から脱した以降、日本の首相たちは全国戦没者追悼式を開催して、アジア・太平洋戦争日本人戦死者を殉国者として顕彰した。

また、首相たちはアジア・太平洋戦争を日本の侵略戦争と認めるようになってからも、日本人戦死者を殉国者視する態度を変えず、日本人民衆を侵略戦争に動員して無意味な死を強いた国家責任を認めて謝罪することなく今日までも過ごしてきた。

これは、アジア・太平洋戦争をアジアに対する侵略戦争だという首相たちの認定が、アジアとの外交・通商関係を維持するための政治的配慮からなされたものに過ぎないことを示している。

他方、国内向けには、全国戦没者追悼式を開催して、アジア・太平洋戦争日本人戦死者を殉国者として顕彰することで、占領下で衰えた国家に対する忠誠心を回復し、高揚させることによって、敗戦と占領によって揺らいだ国民国家の再建が図られ続けて、今日に至っている。

全国戦没者追悼式が宗教的儀礼を伴わないからといって、この点を見落としてはならない。政教分離を規定した現在の憲法の下では、靖国神社を利用して国家に対する国民の忠誠心を確保することが困難になったから、宗教的儀礼を伴わない方式で「軍備の根底たる愛国心」、すなわち国家に対する献身的忠誠心を培養する方式が取られたのである。

かといって靖国神社による対国家忠誠心の再興は、断念されたわけではない。そのことを示したのが、中曾根首相や小泉首相の露骨な靖国神社公式参拝だったのである。

中曾根首相の靖国神社公式参拝は一回で終わったが、小泉首相も中曾根首相と同じくアジアに対する政治的配慮から、アジア・太平洋戦争を日本のアジア侵略戦争と認めながら、首相としての任期中には毎年靖国神社に公式参拝をして、日本人戦死者を殉国者視して敬意と感謝の意を表した。

しかもそれが、今日における「軍備の根底たる愛国心」の養成を目指したものであり、海外に派兵されて危険な任務に就く今日の自衛隊に対する民衆の敬意と感謝を生み出すためのものであることを小泉首相は率直に言明した。

国民国家の恐ろしさが生まれる原因は何か

高橋哲哉は、「祖国のために死んだ兵士たちを英雄として顕彰し、褒め讃え、そのことによって『後に続け』と新たな戦争に国民を動員していくメカニズムは、近代の日本国家だけの問題ではなく、むしろ日本国家が西欧国家から模倣したとさえいえる」、すなわち「国家のために戦争で死んだ人を英雄化し、国民を新たな戦争に動員するための動機づけにしていくメカニズムは、イギリス、フランス、ドイツ、イタリアその他、近代西欧の国民国家すべてに共通して存在しました」という（高橋哲哉、二〇二頁）。

大熊信行も、武力を独占する近代国民国家というものは、国民の忠誠服従義務を不可欠とすることを次のように言う。

「国家主権というのは、武力を独占し、外にむかって戦争を遂行する権利であり、内にむかって国民ひとり残らずに忠誠服従義務を強制する権利である。これら二つの権利は、いわば楯の両面であり、忠誠服従の義務を国民に課することなしに、国家はその存在原理を完うすることはできない。祖国のためには是も非もない。いざといえば一命を捧げることが最高の『道徳』だという観念を、国民に植えつけなければならないのが、国家というものの立場である。」（大熊信行、二三三頁）

韓国人である朴裕河は、「祖国に対する『献身』が必要だと教えるのは、なにも日本ばかりではない。軍人が埋葬されたほとんどの国の国立墓地がそうであり、韓国の国立墓地もまた例外ではない」という（朴裕河、佐藤久訳、一三八頁）。

韓国の国立墓地で配布されるパンフレットによれば、「国立墓地は、祖国の守護と発展のために尊い命を捧げた、殉国烈士と護国の英霊が眠る民族の聖域」と説明されており、かつこの施設は「育ちゆく青少年には、正しい国家観と、国を愛する真の意味を理解できるよう」にする「教育」機関であるされている。

しかし彼女は、「この国立墓地には先に戦争をしかけたという意味での積極的な加害者でないにしても、ベトナム戦争におけるように、結果的に加害者であるほかなかった人々が、やはりともに安置されている」と、殉国者の顕彰という国立墓地の表面の趣旨とは違った現実を指摘する（朴裕河、佐藤久訳、一三九頁）。

こうした点を踏まえて、彼女は次のように結論づける。

「『護国精神』とは、いうまでもなく国家を保護し、守ろうとする精神だ。とどのつまりは、危機の瞬間にすすんで国家のために身を捧げようとする精神である。『国民』というのは、そう考えるよう手なづけられた者の名称である。」（朴裕河、佐藤久訳、一四〇頁）

そしてこういう意味での国民を養成するために、「死んだ兵士が加害者であったかもしれないという記憶は、当然のことながら排除され隠蔽される」と、彼女は指摘する（朴裕河、佐藤久訳、一四〇頁）。

彼女の指摘はきわめて適切であって、全国戦没者追悼式では日本人戦死者は殉国者として顕彰、もしくは意味づけられ、国家が彼らを動員して侵略戦争に従事させ、他民族民衆に対する加害者としての役割を背負わせた果てに死に追いやった現実は、きれいに拭いさられている。

西川長夫も、朴と同様に次のように言う。

「国民国家論がわれわれに告げているのは、国民国家がその本質から平時においても常に潜在的な戦争状態であり、一種の戦争機械であるということです（中略）。国民とは戦争を遂行するために教育され再生産される存在です（愛国心、つまり祖国のために他の国民を殺すことが国民に求められる最高の道徳でした）。」（西川長夫、二六四頁）

前述のように、中曾根首相は「米国にはアーリントンがあり、ソ連に行っても、外国へ行っても無名戦死の墓であるとか、国のために倒れた人に対して国民が感謝する場所がある。さもなくして、誰が命をささげるか」と言った。

中曾根は、靖国神社の存在を正当化するために以上のように言ったのだが、中曾根のこの発言は、近代の国民国家に共通する冷厳かつ残酷な現実を表明したものである。

二〇一二年一二月二六日に、再度首相に就任した安倍も、『中央公論』二〇一三年七月号に掲載された田原総一郎との対談「憲法改正、靖国参拝　今日は本音で語ります」で本音を吐いて次のように中曾根の発言と同じことを言った。

「私は二月に訪米した際、戦没者を祀ったアーリントン墓地にお参りしました。国のために戦った兵士、英霊のご冥福をお祈りし、恒久の平和を祈念するという行為は、どこの国の指導者でも当然のように行っていることで、靖国だからと言って非難されるべきことではありません。」

戦前の天皇制国家によってつくられた民衆意識からの脱却の困難

以上のように、戦死者を殉国者として顕彰するのは、近代の国民国家にとって不可欠なものなのである。

吉田茂は、国民国家が敗戦と被占領によって解体に瀕した状況の下で、「軍備の根底たる愛国心」の回復を図り、サンフランシスコ講和条約が発効した直後に全国戦没者追悼式を開催したのである。

戦争の被害者であるにもかかわらず、戦後も多くの戦死者遺族が、再び戦争ができる国民国家再建のための靖国神社の国家護持運動や首相の公式参拝、そして全国戦没者追悼式での戦死者顕彰にひきつけられていったのには、遺族にやり場のない悲しみと苦痛があったと同時に、近代において天皇制国家が樹立した国民的規範、すなわち天皇に対する忠誠心が、戦後においてもなお影響を遺していたからであろう。

戦前、天皇制国家は、靖国神社に戦死者を合祀し、その靖国神社への合祀を天皇の恩恵として説き、その見返りに民衆に対して国家への献身を求め続けてきた。

一九三七年度から使用された尋常小学校四年生用教科書『尋常小学修身書』二では、靖国神社は次のように描かれている。

「第三　靖国神社

東京の九段坂の上に、大きな青銅の鳥居が高く立っています。其の奥に、立派な社が見えます。それが靖国神社です。

靖国神社には、君のため国のためにつくして死んだ、たくさんの忠義な人々がおまつりしてあります。毎年春四月三十日と秋十月十三日には例大祭があって、勅使が立ちます。又、忠義な人々をあらたに合せまつる時には、臨時大祭が行われます。其の日には天皇・皇后両陛下の行幸啓がございます。

お祭りの日には、陸海軍人はもとより、一般の人々も、こゝにおまつりした人々の忠義の心をしたって参拝する者が引きもきらず、さしも廣いけいだいも、すき間のないまでになります。

君のため国のためにつくして死んだ人々をこうして神社にまつり、又ていねいなお祭りをするのは、天皇陛下のおぼしめしによるのでございます。私たちは、陛下の御めぐみの深いことを思い、こゝにまつってある人々にならって、君のため国のためにつくさなければなりません。」

一九四二年度から、小学校の名称は国民学校に変更された。子どもたちを天皇制国家に忠実な国民にする政策が、さらに強められたのである。

一九四一年度から使用された国民学校四学年用の『初等科修身』二の「三　靖国神社」には、「私たちの郷土にも護国神社があって、戦死した人々がまつられています」という文章や、戦死者の靖国神社合祀について「私たちは、天皇陛下の御恵みのほどを有難く思うと共に……」と、天皇の有難味をより強調する文章が加えられた。

この修身教科書に記されているように、靖国神社合祀によって戦死者の顕彰がなされると共に、子どもたちは、顕彰された戦死者を国民的模範として彼らに見習うことが要求された。

第七章第一節で紹介したように、戦死者の合祀を行う靖国神社の臨時大祭の際の天皇の「御親拝」を名誉とする心情が、民衆に深く植えつけられた。

この心情は戦後にも消えることなく、多くの遺族は、戦後も靖国神社の国家護持や首相の靖国神社公式参拝を求め、また全国戦没者追悼式への天皇・皇后の出席に感泣したのである。

困難の中で生み出された歴史的現実の認識と、他国の民衆の愛別離苦への共感

天皇制国家の下での徹底した国家主義的教育を受けた世代が、肉親の戦死に起因するやりきれない悲しみの癒しを、国家による戦死者顕彰に求めるのは避け難かった。

夫の戦死が日本国家の侵略戦争に動員された結果の死と見なすに至った石崎キクにも、前述のようにそこに至るまでには複雑な心の葛藤があった。彼女はそのことを次のように語った。

「あれは靖国法案が問題になっていた七三年でした。石崎が祭神として靖国神社に合祀されているかいないかを確認するために電話をかけたんです。そうしたら、合祀されていることが確認できま

した。正直いってたいへん複雑な気持ちになりました。

やっぱり国は戦没者を『英霊』としてたたえていると、怒りがこみ上げてきました。

その一方で、別の感情がわいてきたのです。それは、国家も周囲も戦没者を丁重に扱うといいつつ、経済成長のなかで戦没者のことを忘れてしまったのではないか、という思いもあったんです。ところが国が祀っていた、忘れていなかったという思いがしたんです。ですから、自分の中でのたたかいでした。」（田中伸尚、田中宏、波田永実、二〇～二一頁）

前述のように、アジア・太平洋戦争が侵略戦争だったことを認識して、アジアの戦争犠牲者の遺族の愛別離苦にも想いを寄せるに至った小栗竹子も、夫が戦病死した当初は靖国神社の例大祭に参拝した。それは最愛の夫の「死に、たとえ世俗的なものにせよ、何とか意義を認めないではいられなかった、私の無念の故だったのでしょう」と回想している（小栗竹子、一九九五年、三四〇頁）。しかし彼女は、夫が中国を侵略する天皇制国家の一員として中国に渡って、中国人民衆に愛別離苦をもたらした歴史の現実をありのままに認めて、中国に謝罪の旅に出かけた。

こうした行動によってのみ、国民国家を超えた民衆の反戦・平和の連帯が可能になる。

小泉首相の二〇〇六年八月一五日靖国神社公式参拝に対する民衆の反応から見た問題点

読売新聞社は、小泉首相の二〇〇六年八月一五日靖国神社公式参拝について、同月一五、一六の両日に電話方式による緊急全国世論調査を実施し、その結果を一七日付『読売新聞』に発表した。

これによると、首相の参拝の支持者は、「どちらかといえば支持する」という者も合わせると、五三％もいた。その理由は、支持者の三五％は「首相が戦没者を慰霊、追悼するのは当然」とし、三一％は「不戦の誓いになる」とし、二五％は「中国や韓国の反発でやめるのはおかしい」とするものだった。

首相の参拝の不支持者は、三九％だった。これらの人々の理由は、「中国や韓国との関係が悪化する」という理由を挙げる者が四一％、「A級戦犯が合祀されている」という理由を挙げる者が二七％、「政教分離の原則に反する」という理由を挙げる者が一六％だった。

これらの回答をみると、首相の参拝支持者は、首相の参拝の目的は戦死者の慰霊・追悼だと思い込み、その目的が戦死者に感謝と敬意を表して顕彰することにより、自衛隊に対する民衆の積極的支持を生み出そうとしていることを全く見落としている。

こうした民衆意識から見て、日本の民衆の多くは、全国戦没者追悼式が「軍備の根底たる愛国心」の高揚を目指すものであることを全く意識していないのであろう。

第一次・第二次安倍晋三内閣にはらまれている深刻な問題点

二〇〇六年九月二六日に成立した第一次安倍晋三内閣によって、事態はさらに深刻化した。

二〇〇六年一二月一五日に改定教育基本法、防衛庁設置法、改定自衛隊法が成立した。

改定教育基本法第二条第五項には、「伝統と文化を尊重し、それらをはぐくんできた我が国と郷土を愛する」という愛国心尊重論が付け加えられた。防衛庁設置法により防衛庁が防衛省に昇格し、改定自衛隊法により、それまで国土防衛に限定されていた自衛隊の任務が海外活動に拡大された。二〇〇七年五月一四日には「日本国憲法の改正手続きに関する法律」、通称「国民投票法」が成立した。言うまでもなく現憲法第九条を廃止することが最大の目標である。

「軍備の根底たる愛国心」の高揚政策は、ここまで来てしまった。とここまで来てしまった経過をきちんと認識することが、日ましに強くなっている日本の右傾化の潮流と対決する上に不可欠なことであろう。

安倍晋三は、病気のために二〇〇七年九月二五日に首相を辞任したが、その後病気は回復し、二〇一二年九月二六日に自民党総裁選で当選し、同年一二月一六日の衆議院総選挙で自民党が大勝した結果、一二月二六日に自民党と公明党による第二次安倍内閣が成立した。

ここで、安倍が戦争や植民地支配の肯定に対する歯止めとなった村山談話、および河野談話や教科書検定基準の一つである近隣諸国条項に対してどのような態度をとってきたか、その問題点を指摘したい。

「近隣諸国条項」とは、一九八二年一一月に追加された教科書検定基準のことで、「近隣のアジア諸国との間の近現代の歴史事象の扱いに国際的理解と国際協調の見地から必要な配慮がなされる」と定めたものである。

なぜこのような検定基準が追加されたのかと言うと、一九八二年六月に高校社会科の教科書が、検定によって中国に対する日本の「侵略」を「進出」と書き改められ、あるいは一九一九年三月一日に朝鮮で起った三一独立運動を「暴動」と記されていることが判明した結果、中国や韓国、朝鮮民主主義人民共和国などから抗議が寄せられ、同年八月二六日に、鈴木善幸内閣の官房長官宮沢喜一が、「政府の責任で是正する」との談話を発表し、追加された検定基準なのである。

安倍は官房長官となり、小泉に続く次の首相といわれるほどに人気が出て以降、しばらくは村山談話、河野談話・近隣諸国条項を正面から否認するような明確な見解を発表せずに過ごしたが、二〇一二年八月二七日に、それまでの態度をがらりと変えて、以上の三者の全ての見直しを主張した。戦後五〇年国会決議に反対したほどの安倍のことであるから、村山談話、河野談話・近隣諸国条項に賛成するはずはない。しかし首相候補として登場し、かつ首相になった当初は、世論の反発を回避して本音を隠し、最後の段階で本音を表明したのである。

以下やや煩雑だが、以上の私見を裏づけるために、その経過を年表風に記す。

まず、二〇〇六年九月六日に開催された新聞社七社とのインタビューの際の、安倍晋三官房長官の発言を紹介する。

記者が「村山首相談話をどう評価しますか」と質問すると、安倍は次のように答えた。

「日本国政府としての歴史的談話だ。次の内閣において過去の戦争についての認識を示すべきではないかと思っている。過去の歴史に対して謙虚な気持ちを持ち続けるべきだ。」

「政府の『近隣諸国条項』を維持しますか」という記者の質問に対しては、「教科書は日本独自の判断で検定していくが、過去の歴史には当然謙虚でなければならない。条項をただちに廃棄することは考えていない。」（『朝日新聞』二〇〇六年九月七日）

六日にはその午後の定例記者会見でも、安倍官房長官は発言した。記者は「次期首相になった場合、新たな歴史認識を出す時はどういうものを想定するのか。村山談話を否定するのか」と質問すると、安倍は次のように答えた。

「村山談話は戦後五〇年の終戦記念日に当たって、一つの節目として出された談話だと思う。それは歴史的談話になっていると考える。さらに何か談話を出すことは必要ないではないか。基本的には、私はこうした歴史認識は本来、歴史家に任せるべきものではないかと思っている。」

（『朝日新聞』二〇〇六年九月七日）

ちなみに言うと、二〇〇六年八月一五日の際の記者会見で彼は、「戦争指導者の方々に一番責任があるということは事実だ」としつつ、「（戦争責任は）歴史家が判断することではないか」と言った（『朝日新聞』二〇〇六年八月一六日）。

これらの発言を見ると、彼は政治家として日本の戦争責任の認定を避けているとしか思われない。

村山談話の評価が曖昧なのも、このためであろう。

二〇〇六年一〇月五日に開催された衆議院予算委員会では安倍は、河野談話について、「この河野談話は政府として出されたわけでありまして、現在の政府におきましても、これは受け継がれているということでございます」と言い、かつ「当然、私は内閣総理大臣でございますから私を含めまして政府として受け継いでいる、こういうことでございます」と答弁した。

翌一〇月六日に開催された衆議院予算委員会では安倍は、河野談話の骨子について次のような見解を述べた。

「この河野談話の骨子としては、慰安所の設置や慰安婦の募集に国の関与があったということ、慰安婦に対して政府がおわびと反省の気持ちを表明、そして三番目にどのようなおわびと反省の気持ちを表するか今後検討する、こういうことでございます。」

二〇一二年八月二七日、『産経新聞』記者とのインタビューに際して、彼は本音を吐いて、「宮沢談話、河野談話、村山談話、全ての談話を見直す必要がある。新たな政府見解を出すべきだ」と言った（『産経新聞』二〇一二年八月二八日）。

慰安婦募集の強制の性格については、彼は二〇〇六年一〇月六日の衆議院予算委員会で次のように述べた。

「いわゆる狭義の強制と広義の強制があるであろう。つまり、家に乗り込んでいって強引に連れて行ったのか、またそうでなくて、これは自分としては行きたくないけれどもそういう環境の中であった結果としてそういうことになったことについて関連があったということが、いわば広義の強制性ではないかと考えております。」

「今に至っても、この狭義の強制性については事実を裏づけるものは出てきていないのではないか。」

だが、中国人従軍慰安婦に関する二〇〇四年一二月の東京高裁判決は、「日本軍構成員によって、駐屯地に住む中国人女性（少女も含む）を強制的に拉致・連行して強姦し、監禁状態にして連日強姦を繰返す行為、いわゆる慰安婦状態にする事件があった」と認定したのである（林博史、一七～一八頁）。

自民党が、二〇一二年一二月一六日に行われる衆議院議員総選挙に当たって一一月二一日に発表した公約には、教育の分野で「自虐史観偏向教育などは行わせない」ことが挙げられた。つまり、近代日本のアジアに対する侵略や植民地支配に関する歴史教育を行わせないというのである。また「『伝統と文化を尊重し、それらを育んできた我が国と郷土を愛する』ための教科書で子どもたちが学べるよう、『近隣諸国条項』など、教科書検定制度を見直す」ことも挙げられた（『朝日新聞』二〇一二年一一月二八日）。

つまり、日本のアジア侵略や植民地支配など、日本が犯した罪を教科書に記載すると愛国心養成の障害になるから、これらの記述は教科書から削除せよというのが、安倍が率いる自民党の方針なのである。

細川首相以後、日本政府首脳は一方で、アジアに対する日本の侵略や、あるいは植民地支配を認め、他方でこの侵略戦争に動員されて戦死した兵士たちを、生命を国に捧げた殉国者として顕彰するダブルスタンダードをとってきたが、安倍晋三や彼が率いる自民党は、アジアに対する日本の侵略や植民地支配に対する歴史認識を自虐史観としてこれを排除して、もっぱら日本のナショナリズムを高揚させようとしている。

二〇一三年四月一〇日に開催された衆議院予算委員会で安倍は、「前回、安倍内閣において教育基本法を変えました、そこで教育の目的、目標をしっかり書き込んだのでございますが、そこに日本の伝統と文化を尊重する、これをしっかり書き込みました。そして愛国心、郷土愛というものを書いたのでございますが、残念ながら検定基準においてはこの教育基本法の精神が私は生かされていなかったと思います」と言った。

これは、彼の言う愛国心の高揚にとって、近隣諸国条項のような検定基準は邪魔だと考えていることを表明したものであろう。

これに続いて四月二三日に開催された参議院予算委員会で丸山和也は、村山談話に関し、安倍に対して次のような質問をした。

「配布させていただいています資料、いわゆる村山談話ですね、戦後五十周年の。出された村山談話、これらにつきましてお聞きしたいんですけれども、これについての評価はいろいろ分かれております。（中略）この中でどこが一番問題かといったら、三点問題がございます。

まず第一、『遠くない過去の一時期』、これは歴史の評価としていつを指しているんですか、いつからいつまでですか、全く明らかでない。『国策の誤り』、どういう国策を誤ったのか、どういう国策を取るべきだったのか、全く触れていない。『植民地支配と侵略によって』、この植民地と侵略という、植民地いわゆる政策。植民地というのはいろいろ定義がございます。西欧の列強がやった、イギリスのインド支配のようなものもありますれば、日本の、たとえば植民地と言われている日韓併合、国と国との合意でなされた、こういうものもございます。

ですから、事なかれ主義でうまく仲よくやりましょうみたいな文章になっているんですね。こういう談話であって歴史的価値は全くないと私は思うんですね。

これについて総理はどのように思われますか。」

丸山の質問は、村山談話の表現の曖昧さを取り上げることによって、村山が不十分ながらもアジアに対する日本の侵略と植民地支配について反省し謝罪した意味も抹殺しようとするものである。しかも安倍は、丸山の質問に便乗して次のように言った。

「ただいま丸山委員が質問された点は、まさに曖昧な点といってもいいと思います。特に侵略という定義については、これは学界的にも国際的にも定まっていないと言ってもいいんだと思うわけでございますし、それは国と国との関係において、どちら側から見るということにおいて違うわけでございます。」

この安倍発言は、日本のアジア侵略を謝罪した村山談話を無意味化するものである。

他方では、安倍は靖国神社の春季例大祭が開始された二〇一三年四月二一日に、靖国神社に真榊《まさかき》を納めた（『朝日新聞』二〇一三年四月二三日）。彼は二〇一三年八月一五日には首相としてではなく、自民党総裁として私費で玉串を靖国神社に納めた（『朝日新聞』二〇一三年八月一五日夕刊）。

安倍は、こうしてアジア諸国の抗議を避ける方法をとって、アジア・太平洋戦争の日本人戦死者を、国に生命を捧げた殉国者に祀り上げることに依然として余念がない。

二〇一三年八月一五日の全国戦没者追悼式の際の安倍の式辞は次のようである。疑問の余地を残さないためにその全文を掲げる。

「天皇皇后両陛下の御臨席を仰ぎ、戦没者の御遺族、各界代表多数の御列席を得て全国戦没者追悼式を、ここに挙行致します。

祖国を思い、家族を案じつつ、戦場に倒れられた御霊《みたま》、戦禍に遭われ、あるいは戦後、遠い異境に亡くなった御霊の御前に、政府を代表し、式辞を申し述べます。

いとしいわが子や妻を思い、残していく父、母に幸多かれ、ふるさとの山河よ、緑なせと念じつつ、貴い命を捧げられた、あなた方の犠牲の上に、いま、私たちが享受する平和と、繁栄があります。そのことを、片時たりとも忘れません。

御霊を悼んで平安を祈り、感謝を捧げるに、言葉は無力なれば、いま来し方を思い、しばし瞑目し、静かに頭《こうべ》を垂れたいと思います。

戦後我が国は、自由、民主主義を尊び、ひたすらに平和の道を邁進《まいしん》してまいりました。今日より明日、世界を良い場に変えるため、戦後間もない頃から、各国・各地域に、支援の手を差し伸べてまいりました。

内にあっては、経済社会の変化、天変地異がもたらした危機に、幾たびか、互いに助け合い、乗り越えて、今日に至りました。

私たちは、歴史に対して謙虚に向き合い、学ぶべき教訓を深く胸に刻みつつ、希望に満ちた、国の未来を切り拓《ひら》いてまいります。世界の恒久平和に、能うる限り貢献し、万人が、心豊かに暮らせる世を実現するよう、全力を尽くしてまいります。

終わりに今一度、戦没者の御霊に平安を、ご遺族の皆様には、ご健勝をお祈りし、式辞といたします。

平成25年8月15日

内閣総理大臣　安倍晋三」

（『朝日新聞』二〇一三年八月一六日）

前述のように細川首相以後、日本政府首脳は一方で、アジアに対する日本の侵略や、あるいは植民地支配を認め、他方でこの侵略戦争に動員されて戦死した兵士たちを、生命を国に捧げた殉国者として顕彰するダブルスタンダードをとってきたが、安倍晋三や彼が率いる今日の自民党は、アジアに対する日本の侵略や植民地支配に対する歴史認識を自虐史観と排除して、日本人戦死者を、祖国を思った殉国者と意味づけている。

それがこの式辞に典型的に現われている。アジアに対する日本の侵略と植民地支配に対する反省はまったく言及されていないことが、美文めいたこの式辞に潜む恐ろしさである。

しかし事態はさらに急速に悪化した。安倍内閣はこの年の一二月一七日に外交・軍事の基本方針となる「国家安全保障戦略」(National Security Strategy)を閣議決定したが、このＮＳＳに「我が国と郷土を愛する心を養う」という文言を入れた(『朝日新聞』二〇一三年一二月一七日夕刊)。安倍内閣が「軍備の根底たる愛国心」の昂揚を緊急の課題としていることが、ここに赤裸々に現われた。

続いて一二月二六日には安倍はついに本音を公然と現わし、これまでアジア諸国に対する外交上の配慮から態度を曖昧にしてきた靖国神社参拝を断行した。中国や韓国はこれに対して猛烈に反発し、アメリカ政府もまた失望の意を表した(『朝日新聞』二〇一三年一二月二七日)。しかし安倍も、こうなることは十分覚悟していたはずである。それにも拘らず靖国神社参拝を決行したのは、アジア諸国に対する外交上の配慮よりも、アジア・太平洋戦争に対する反省のために、自衛隊に対して違和感をもつ日本の民衆がいる現在の思想状況を転換させて自衛隊支持者を拡大するために、日本国内の「軍備の根底たる愛国心」を昂揚させる国内向けの課題を最優先の課題と考えて決断したからであろう。現在、小学校、中学校、高等学校などの教員に対して行われている君が代斉唱、日の丸掲揚の強制をはじめ、教育に対する種々の歪曲がさらに拡大、強化されることを懸念せざるを得ない。

このようにして日本は、戦後最悪な事態を迎えた。事態がここまで来てしまった原因は何であろうか。

平和遺族会に所属する人々や、石崎キクや小栗竹子たち遺族は、辛くとも戦死者が侵略戦争に動員された果ての死であることを自覚し、だからこそアジア民衆と連帯して反戦平和の道を切り拓こうとしてきたが、これらの人々は日本人全体から言えば少数派の人々であって、多くの日本人は、民衆を侵略戦争に動員して無意味な死を強いた国家の戦争責任を、戦後もきちんと追及しないまま過ごしてきた。そうした戦後史の負の遺産に便乗して、戦後最右翼の安倍晋三政権が登場したと言えるであろう。

私はこうした負の遺産を明らかにすることを通じ、今日の危機の根底を明らかにしようとして、この小著を著した。

参考文献一覧（五〇音順）

朝日新聞社編『戦争体験　朝日新聞への手紙』朝日新聞出版、二〇一〇年
朝日新聞テーマ談話室編『戦争――血と涙で綴った証言』上巻、朝日ソノラマ、一九八七年
粟屋憲太郎編『資料日本現代史2　敗戦直後の政治と社会①』大月書店、一九八〇年
一ノ瀬俊也『銃後の社会史――戦死者と遺族』吉川弘文館、二〇〇五年
伊藤昌哉『池田勇人とその時代』朝日新聞社、一九八五年
石崎キク「惨禍を繰り返さないために」、平和遺族会全国連絡会『戦争を語り伝えるために』梨の木舎、一九九三年
石崎キク「戦没者の死を原点に」、神奈川県民生部援護課編・刊『あなた精一杯やってきましたよ――かながわ戦没者遺族の手記　続』一九八二年
今井勇「戦没者遺族運動の形成と戦後国家への再統合――戦争犠牲者遺族同盟分裂をめぐって」、筑波大学大学院人文社会科学研究科歴史・人類学系『年報　日本思叢　1992-2002』、二〇〇二年
上杉隆「日本遺族会が『A級戦犯分祀』を提言する！」、『週刊文春』二〇〇六年八月三日
大熊信行『日本の虚妄――戦後民主主義批判』〔増補版〕論創社、二〇〇九年
大内三良「失明軍人も戦争を罪悪と語らなかった」、平和遺族会全国連絡会『戦争を語り伝えるために』梨の木舎、一九九三年
大原靖男『神道指令の研究』原書房、一九九三年
小栗竹子『愛別離苦――靖国の妻の歩み』径書房、一九九五年
小栗竹子『戦後の生を紡ぐ――愛別離苦を超えて』一葉社、二〇〇〇年
加藤明「人脈記　毒に愛嬌あり7　国家つく祖母の『日の丸』」、『朝日新聞』二〇一〇年七月二二日

鎌田文子「兄を偲んで」、藤岡市遺族の会六十周年記念事業実施委員会編『永遠の平和を——藤岡市遺族の会戦後六十周年記念誌』藤岡市遺族の会、二〇〇六年
霞山会創立六十周年記念出版編集委員会編『日中関係基本資料集　一九七二―二〇〇八年』霞山会、二〇〇八年
川口恵美子『戦争未亡人——被害と加害のはざまで』ドメス出版、二〇〇三年
菊池敬一、大牟羅良編『あの人は帰ってこなかった』（岩波新書）、岩波書店、一九六四年
木村迪夫「歴史のやみに眼をこらして」、山形県遺族会編集委員会編著『遥かなる足あと——四十年たった戦没家族の手記』一九八八年
木村迪夫「遥かなる血と地の闇——ある少年の戦後記録」、八島信雄編著『生きててよかった——五十年たった戦没者の妻の手記』遥かな日のつどい、一九九四年
軍事保護院編『軍人援護事業概要』軍事保護院、一九四〇年
小泉首相靖国神社参拝違憲九州・山口訴訟団編『参拝したら違憲——首相靖国参拝と闘った二一一人』明石書店、二〇〇四年
厚生省援護局編『引揚げと援護三十年の歩み』厚生省、一九七七年
厚生省社会・援護局援護50年史編集委員会監修『援護50年史』ぎょうせい、一九九七年
国立国会図書館調査立法考査局編『靖国神社問題資料集』国立国会図書館調査立法考査局、一九七六年
国立国会図書館調査及び立法考査局編『新編靖国神社問題資料集』国立国会図書館、二〇〇七年
古茂田信男、島田芳文、矢沢保、横沢千秋『日本流行歌史　戦前編』社会思想社、一九八一年
佐々木健『戦争と未亡人』市民サービスセンター、一九八〇年
佐藤アイ「『天皇のため国のため』死んだ者たちへ」、平和遺族会全国連絡会『戦争を語り伝えるために』梨の木舎、一九九三年
寒川尚周「再び遺族が作られないことを願う」、平和遺族会全国連絡会『平和遺族会だより』第五六号、二〇〇

八年四月二〇日
清水幾太郎『愛国心』〔ちくま学芸文庫〕、筑摩書房、二〇一三年
陳野守正『教科書に書かれなかった戦争　PART　6　先生、忘れないで！――「満州」に送られた子ども達』梨の木舎、一九八八年
菅原龍憲『「靖国」という檻からの解放』永田文昌堂、二〇〇五年
高橋三郎『高橋三郎著作集』最終巻、教文館、二〇一二年
高橋哲哉『「心」と戦争』晶文社、二〇〇三年
伊達宗克『日本の勲章――逸話でつづる百年史』りくえつ、一九七九年
田中彰監修、NHK出版編『アジア太平洋戦争――私の遺書』日本放送協会、一九九五年
田中伸尚『靖国の戦後史』〔岩波新書〕、岩波書店、二〇〇二年
田中伸尚『ドキュメント靖国訴訟――戦死者の記憶は誰のものか』岩波書店、二〇〇七年
田中伸尚、田中宏、波田永実『遺族と戦後』〔岩波新書〕、岩波書店、一九九五年
徳永正利「山本浅太郎さんを思う――八月十五日、全国戦没者追悼式――それは山本さんによって出来上がった」、『日本遺族通信』一九七〇年二月一日
戸村政博、野毛一起、土方美雄『検証国家儀礼　一九四五～一九九〇』作品社、一九九〇年
内閣総理大臣官房監修『竹下内閣総理大臣演説集』日本広報協会、一九九〇年（非売品）
内閣総理大臣官房監修『村山内閣総理大臣演説集』日本広報協会、一九九八年
中曾根首相の靖国神社公式参拝に抗議する会編『遺族の声とどく――京都・大阪靖国訴訟証言集』行路社、一九九四年
中曾根康弘「二人の指導者1　国家国民は汚辱を捨て栄光を求めて進む」、『Asahi journal』一九八五年一二月二七日

中曾根康弘著、中島琢磨、服部龍二、昇亜美子、若月秀和、道下徳成、楠綾子、瀬川高央 聞き手『中曾根康弘が語る戦後日本外交』新潮社、二〇一二年
長野県遺族会、信毎書籍出版センター編『長野県遺族会誌』長野県遺族会、一九八一年（非売品）
中村元訳『ブッダのことば――スッタニパータ』（岩波文庫）岩波書店、一九八四年
南相九《ナムサング》「恩給と慰霊・追悼の社会史」、『岩波講座　東アジア近現代通史　第七巻――アジア諸戦争の時代　一九四五－一九六〇年』岩波書店、二〇一一年
新潟県民生部援護課編『新潟県終戦処理の記録』新潟県、一九七二年
西川長夫『国民国家論の射程――あるいは〈国民〉という怪物について』増補版、柏書房、二〇一二年
日本遺族会事務局編『日本遺族会の四十年』日本遺族会、一九八八年
日本の前途と歴史教育を考える若手議員の会編・刊『歴史教科書への疑問――若手国会議員による歴史教科書問題の総括』一九九七年、展転社（発売）
野崎渡「父の戦死、母の死、南京事件」、宮城県平和遺族会編・刊『戦火の中の青春――戦没者遺族の手記』ひかり書房（発売）、一九九〇年
PHP研究所編・刊『安倍晋三対論集――日本を語る』二〇〇六年
林博史「安倍首相の歴史認識はどこが問題なのか」、林博史、俵儀文、渡辺美奈『「村山・河野談話」見直しの錯誤――歴史認識と「慰安婦」問題をめぐって』かもがわ出版、二〇一三年
朴裕河《パクユハ》著、佐藤久訳『和解のために――教科書・慰安婦・靖国・独島』平凡社、二〇〇六年（「平凡社ライブラリー」文庫、二〇一一年）
古川佳子「これに増す悲しきことの何かあらん」、田中伸尚編著『これに増す悲しきことの何かあらん――靖国神社合祀拒否・大阪判決の射程』七つ森書館、二〇〇九年
平和を願い戦争に反対する戦没者遺族の会（平和遺族会）編『平和への手紙――戦没者遺族の手記』新日本出版

社、一九九〇年
平和遺族会全国連絡会『戦争を語り伝えるために』梨の木舎、一九九三年
細谷千博、有賀貞、石井修、佐々木卓也編『日米関係資料集　一九四五〜九七』東京大学出版会、一九九九年
前田哲男『自衛隊――変容のゆくえ』〔岩波新書〕、岩波書店、二〇〇七年
三浦永光『増補　戦争犠牲者と日本の戦争責任』明石書店、一九九五年
溝口正「兄を侵略者と認めるのは辛い。だが……」、平和遺族会全国連絡会『戦争を語り伝えるために』梨の木舎、一九九三年
村上重良『靖国神社――1869-1945-1985』〔岩波ブックレット〕、岩波書店、一九八六年
村松章子「黙殺された女達」、『婦人公論』一九五〇年一月号
薬師寺克行編『村山富市回顧録』岩波書店、二〇一二年
山田朗『大元帥・昭和天皇』新日本出版社、一九九四年
山本浅太郎「戦没者追悼の意義――生命の讃歌に通ずるものとして」、『日本遺族通信』一九六三年七月一日
矢野敬一『慰霊・追悼・顕彰の近代』吉川弘文館、二〇〇六年
横山宏章『日中の障壁――戦争と友好の代償』サイマル出版会、一九九四年
吉田敏浩『赤紙と徴兵――一〇五歳最後の兵事係の証言から』彩流社、二〇一一年
リンダ・グローブ「一九三二年上智大学靖国事件」、中野晃一＋上智大学21世紀ＣＯＥプログラム編『ヤスクニとむきあう』めこん、二〇〇六年
歴史・検討委員会編・刊『大東亜戦争の総括』展転社（発売）、一九九五年
和田春樹、石坂浩一、戦後50年国会決議を求める会編『教科書に書かれなかった戦争　ＰＡＲＴ26――日本は植民地支配をどう考えてきたか』梨の木舎、一九九六年
渡辺清『私の天皇観』辺境社、一九八一年

あとがき

私がこの本を書くきっかけは、東京都教育委員会が二〇〇三年に、神奈川県教育委員会が二〇〇四年に、公立小学校・中学校・高等学校の教員に対して、入学式・卒業式等の儀式の際に、日の丸掲揚、君が代斉唱を強制する旨の通達を出したことだった。

この事態に対抗すべく、私は二〇〇六年六月一〇日、「学校に対する君が代斉唱・日の丸掲揚の強制を憂慮する会」を組織して運動に従事した。この本はその運動の過程から生まれた。

学校の儀式の際に日の丸掲揚と君が代斉唱を教員に強制するという現在のやり方は、戦前、とくにアジア太平洋戦争の時期に、四大節、すなわち紀元節、天長節、明治節、一月一日に、国民学校で行った君が代斉唱・教育勅語「奉読」の儀式の形を継承していると私は考える。

これらの儀式がたくみに作り出した荘厳な雰囲気は、児童に心情的・情緒的に天皇制国家を尊いものと思い込ませ、「愛国心」を注入した。そして荘厳な雰囲気の儀式を演出するには、教員が一人のもれなく君が代を斉唱する必要がある。だから、現在、教員に対して君が代斉唱を強制するのだと思う。このことは「憂慮する会」の会報『たみがよ通信』第一号、第二号（二〇〇六年九月一日、一二月二五日）に掲載した拙稿「君が代斉唱・日の丸掲揚を強制する『教育』で子どもたちはどうなる？」

で詳しく論証したので、ここでは繰り返さないが、私はそのような現実に、日本の政府や教育委員会のアジア・太平洋戦争に対する戦争責任意識の欠如を感じないわけにはいかなかった。

ところで、私は日の丸掲揚、君が代斉唱の強制の歴史的性格の問題と関連して、日本政府によって最初一九五二年五月二日に開催され、一九六三年以降は毎年八月一五日に開催されるようになった全国戦没者追悼式が、アジア・太平洋戦争の日本人戦死者に対する追悼という名目の下に、実は戦後における「軍備の根底たる愛国心」の復活・高揚を目指すものであることに気づいた。これは国家によって侵略戦争に動員されて無意味な死を遂げざるを得なかった日本人戦死者に対する日本国家の戦争責任を無視するのみならず、戦後においても国家に対する無条件の忠誠心を抱き、再び進んで戦争に赴く日本人を作り出そうとする日本政府の意図から生じたものであろう。私はこの問題に気づき、全国戦没者追悼式の歴史的経過を体系的に調べはじめた。

本論で述べたように、一九九三年八月一五日の全国戦没者追悼式の式辞で、細川護熙首相は初めてアジア諸国と全世界の戦争犠牲者、ならびにその遺族に対して哀悼の意を表明した。それ以後は全国戦没者追悼式の首相の式辞は、必ず世界、とくにアジアの戦争犠牲者に対して哀悼ないしは反省の意を表するようになった。しかし国に生命を捧げた殉国者としての日本人戦死者の顕彰、または意味づけはその後も続けられ、日本政府首脳が日本国家の戦争責任を認めて謝罪することはなかった。

一方においてアジアに対する侵略や植民地支配について反省ないしは謝罪を表明しながら、他方でアジアに対する侵略に動員して無意味な死を強いた日本人戦死者を殉国者として顕彰、ないし意味づけするのは全くの矛盾である。こうした矛盾した式辞が全国戦没者追悼式で行われた点から見て、アジアの戦争犠牲者に対する日本政府首脳の哀悼ないしは反省の意の表明は、日本の外交や貿易に支障を来たすことへの政治的配慮以上のものでしかなかったと考えざるを得ない。その帰結として、二〇一三年八月一五日の全国戦没者追悼式の際の安倍晋三首相の式辞は、アジアに対する日本の侵略と植民地支配に対する反省の表明をまったくなくして、日本人戦死者を殉国者として意味づけて追悼するのみに終わった。つまり彼の式辞はこれまで表に現われにくかった全国戦没者追悼式の本来の性格を赤裸々に表現したものと言えよう。

本書ではこうした日本政府首脳の動向と対照しながら、日本人戦死者の遺族の思想的動向も描いた。戦時期には、遺族は天皇のための名誉の戦死という口実の下に泣くことも抑圧された。遺族が泣くことは民衆の戦意高揚の邪魔になるからであろう。戦時中の日本の民衆が国家の狡知を見破るのは容易なことではない。今日も八月一五日には、日本人戦死者を天皇のための名誉の戦死者として顕彰した靖国神社の境内にあふれ返らんばかりの参拝者が集まる。しかし、次男の戦死に続く長男の戦死に接して「天子さまのいたずらじゃあ」、「むごいあそびじゃ」と言った母親がいた。また戦争中でさえも、夫の戦死による自己の愛別離苦を媒介に、南京で自分の夫に虐殺された中国人の遺族の愛別離苦に想いを寄せた女性もいた。戦後になると、つらくとも夫の戦死が侵略戦争に動員された果ての無意味な死だった現実を直視し、戦死した夫との愛別離苦を媒介に日本軍によって殺害された中国人戦死者の遺族に想いを寄せた女性も現われた。やはり民衆の中からしか、日本のこの悲しむべき現状を克服する芽は現われない。私はそこに希望を見出す。

私は、こうした戦後の政治的・思想的状況を明らかにし、日本人戦死者に対する戦争責任を果たしえないままでいる戦後日本国家の戦後責任を明らかにし、こうした状況を克服することが、日本人民衆の戦後責任であると考えて本書を執筆した。この問題意識は関東大震災時の朝鮮人虐殺に対する国家責任と民衆責任を論じた拙著『関東大震災時の朝鮮人虐殺――その国家責任と民衆責任』(創史社、二〇〇三年)、および『関東大震災時の朝鮮人虐殺とその後――虐殺の国家責任と民衆責任』(創史社、二〇一一年)の背後にあった問題意識と共通する。

自己が受けた性的差別、また無籍者だったために受けた差別を媒介に、植民地支配下の朝鮮人の苦闘をわがことのように思った金子文子を描いた拙著『金子文子――自己・天皇制国家・朝鮮人』を一九九六年に出版してくださった影書房からまた本書を出版していただけることは、大変嬉しい。影書房の方々にはお世話になった。また陣野守正先生は高橋三郎に関する文献をご教示くださった上にその入手までもお世話くださった。西川重則氏には平和遺族会全国連絡会関係の資料閲覧の便宜をはかっていただいた。これらの方々に心からお礼の意を表したい。

著者略歴

山田昭次（やまだ・しょうじ）

1930年　埼玉県に生まれる．
1953年　立教大学文学部史学科卒業．
1962〜95年　立教大学一般教育部に勤務．
立教大学名誉教授．

［著 書］
『金子文子——自己・天皇制国家・朝鮮人』（影書房、1996年）
『関東大震災時の朝鮮人虐殺——その国家責任と民衆責任』（創史社、2003年）
『植民地支配・戦争・戦後の責任——朝鮮・中国への視点の模索』（創史社、2005年）
『震災・戒厳令・虐殺——関東大震災85周年朝鮮人犠牲者追悼シンポジウム—事件の真相糾明と被害者の名誉回復を求めて』（三一書房、2008年／共著）
『関東大震災時の朝鮮人虐殺とその後——虐殺の国家責任と民衆責任』（創史社、2011年）　その他多数

全国戦没者追悼式批判《ぜんこくせんぼつしゃついとうしきひはん》
——軍事大国化《ぐんじたいこくか》**への布石**《ふせき》**と遺族**《いぞく》**の苦悩**《くのう》

二〇一四年 二 月二八日　初版第一刷

著　者　山田昭次《やまだしょうじ》

発行所　株式会社　影書房

発行者　松本昌次

〒114-0015　東京都北区中里三—四—五
ヒルサイドハウス一〇一
電　話　〇三（五九〇七）六七五五
FAX　〇三（五九〇七）六七五六
E-mail =kageshobo@ac.auone-net.jp
URL =http://www.kageshobo.co.jp/
〒振替　〇〇一七〇—四—八五〇七八

本文印刷=スキルプリネット
装本印刷=アンディー
製本=協栄製本

定価　二、六〇〇円＋税

ISBN978-4-87714-444-9

山田昭次　金子文子——自己・天皇制国家・朝鮮人　三八〇〇円
中原静子　難波大助・虎ノ門事件——愛を求めたテロリスト　二八〇〇円
富永正三　あるB・C級戦犯の戦後史——ほんとうの戦争責任とは何か　二〇〇〇円
益永スミコ　殺したらいかん　六〇〇円
石川逸子詩集　定本 千鳥ケ淵へ行きましたか　一八〇〇円
根津公子　【増補新版】希望は生徒——家庭科の先生と日の丸・君が代　一七〇〇円
黄英治　あの壁まで　一八〇〇円
崔善愛　父とショパン　二〇〇〇円
尹東柱全詩集 伊吹郷訳・解説　空と風と星と詩　二三〇〇円
徐京植　秤にかけてはならない——日朝問題を考える座標軸　一八〇〇円

〔価格は税別〕　影書房　2014. 2 現在